AF136862

Carl Franke

Reinheit und Reichtum der deutschen Schriftsprache

Carl Franke

Reinheit und Reichtum der deutschen Schriftsprache

ISBN/EAN: 9783743300583

Hergestellt in Europa, USA, Kanada, Australien, Japan

Cover: Foto ©Thomas Meinert / pixelio.de

Manufactured and distributed by brebook publishing software
(www.brebook.com)

Carl Franke

Reinheit und Reichtum der deutschen Schriftsprache

Reinheit und Reichtum

der

Deutschen Schriftsprache

gefördert

durch die Mundarten.

Von

Dr. Carl Franke.

Leipzig,

Verlag von B. G. Teubner.

1890.

Seinem hochverehrten Lehrer

Herrn

Professor Dr. Hermann Paul

in dankbarer Erinnerung an das in Freiburg i. B.

verlebte Sommersemester von 1876

gewidmet.

Vorwort.

Die Anregung zu dieser Abhandlung hat der Verfasser von dem allgemeinen deutschen Sprachverein empfangen. Hierfür und für die in Gestalt einer Ehrengabe mir zu teil gewordene Anerkennung spreche ich dem um das Deutschtum so verdienten Verein meinen verbindlichsten Dank aus. Letztere läßt mich hoffen, daß dieser Versuch auch in weiteren Kreisen Freunde sich erwirbt. Doch befürchte ich, manchem Leser zu wenig zu bieten, besonders in Bezug auf die Fremdwörter; deren Beseitigung ist eine jetzt noch schwebende Frage. Wie sehr ich mich nun der Richtung zuneige, die ihre möglichste Entfernung fordert, wie fest ich überzeugt bin, daß manches Fremdwort, welches jetzt als unentbehrlich gilt, in späterer Zeit entbehrlich werden wird, so halte ich doch im Kampfe gegen die Fremdwörter die größte Vorsicht geboten. Daher habe ich gerade den dieselben betreffenden Abschnitt immer und immer wieder gesichtet und manches mundartliche Wort, das der erste Entwurf enthielt, gestrichen.

Leisnig, den 15. Dezember 1889.

C. Franke.

Inhaltsverzeichnis.

Seite

Einleitung 1

Erster Abschnitt. Auf welchem Wege hat die Überführung mundartlichen Sprachgutes in die Schriftsprache zu erfolgen? 4

Zweiter Abschnitt. Inwiefern können wissenschaftliche Durchforschungen der Mundarten zur Reinigung und Bereicherung der Schriftsprache beitragen? 13

Dritter Abschnitt. Können bezüglich der Sprachlaute die Mundarten zur Läuterung der Schriftsprache beitragen? 17

Vierter Abschnitt. Mundartliche Wörter, welche zur Verdrängung von Fremdwörtern dienen können. . . 19

1. Den Staat betreffende Wörter.
   A. Staatsleitung und Verfassung 21
   B. Verwaltung 22
2. Recht und Gerichtswesen . . 24
3. Kriegswesen 25
4. Kirchenwesen 26
5. Wissenschaft.
   A. Allgemein wissenschaftliche Ausdrücke 26
   B. Weltweisheit 27
   C. Zahlen- und Raumlehre . 27
   D. Naturwissenschaft . . . 28
   E. Erdbeschreibung . . . 29
   F. Geschichte 29
   G. Heilkunde 29
6. Schriftstellerei und Schreibwesen 30
7. Kunst.
   A. Redekunst 31
   B. Dichtkunst 33
8. Bau- und Kunstgewerbe
   A. Das Baugewerbe im allgemeinen 33
   B. Oberbau 33
   C. Wasserbau 33

Seite

9. Handel und Wandel . . 34
10. Das Verkehrswesen . . . 35
11. Die Landwirtschaft . . . 36
12. Hausgerät und Kleidungsstücke 36
13. Körperpflege 37
14. Essen und Trinken . . . 37
15. Vergnügungen und Spiele . 39
16. Zeiteinteilung 40
17. Menschliche Eigenschaften.
    A. Äußere Eigenschaften . . 41
    B. Geistige Eigenschaften oder Zustände 42
18. Eigenschaften von Dingen . 45
19. Allgemein gesellschaftlicher Verkehr.
    A. Angenehmes oder Freundliches 45
    B. Unangenehmes oder Feindliches 47
Nach der Reihenfolge der Buchstaben geordnetes Verzeichnis der zu beseitigenden Fremdwörter 50

Fünfter Abschnitt. Mundartliche Wörter, welche sich zur Bereicherung der Schriftsprache eignen 53

1. Das Recht betreffende Wörter 54
2. Eheschließung 54
3. Kriegswesen 54
4. Heilkunde und menschlicher Körper 54
5. Handel und Wandel . . . 58
6. Gewerbe und Handwerk.
   A. Allgemeines 61
   B. Eisengießerei 62
   C. Nadlerei 62
   D. Wagnerei 62
   E. Böttcherei 62
   F. Töpferei und Glaserei . 62
   G. Baugewerbe 63
   H. Seilerei 63
   J. Weberei 63
   K. Schuhmacherei . . . 65
   L. Holzhackerei 65
7. Fischerei und Schiffahrt . . 66

Seite

8. Landwirtschaft.
  A. Ackerbau 66
  B. Garten= und Holzbau . . 69
  C. Viehzucht 70
9. Wörter, die sich auf das Arbei=
   ten im allgemeinen beziehen 73
10. Wörter für Thätigkeiten mit
    der Hand, die nicht von einem
    bestimmten Berufskreise aus=
    schließlich ausgeübt werden . 77
11. Tragen 80
12. Wörter für Gehen, Hüpfen
    und Gleiten.
  A. Allgemeine Ausdrücke . 80
  B. Langsames Gehen . . . 80
  C. Schnelles Gehen oder
     Hüpfen 82
  D. Störendes Gehen . . 83
  E. Reisen 84
  F. Bewegungen auf dem Eise
     oder in dem Wasser . . 84
13. Reiten 85
14. Fahren 85
15. Bewegungen des ganzen
    Körpers 86
16. Liegen und Stehen . . 86
17. Bewegungen des Kopfes . 87
18. Haus und Hauswesen . 88
19. Kinderpflege 89
20. Kleidung 90
21. Wäsche 92
22. Essen 93
23. Trinken 97
24. Vergnügungen und Spiele . 97
25. Gesellschaftlicher Verkehr.
  A. In freundlichem und an=
     genehmem Sinne . . . 97
  B. In feindlichem und unan=
     genehmem Sinne . . 98
26. Sprechen 100
27. Gemütszustände und deren
    Äußerungen 104
28. Eigenschaften und Zustände
    von Menschen.
  A. Geistige 105
  B. Äußere Eigenschaften . 108
29. Eigenschaften von Dingen . 109
30. Tierleben.
  A. Säugetiere 111
  B. Vögel 112

Seite

31. Erdboden 112
32. Wegbezeichnungen . . . 113
33. Wasser und andere Flüssig=
    keiten 114
34. Wetter, besonders Regen . 115
35. Geräusche und Töne . . 116
36. Mengenamen 117
37. Ortsbestimmungen . . . 118
38. Zeitbestimmungen . . . 118
39. Umstandswörter der Art
    und Weise 119
Sechster Abschnitt. Kann in
    der Wortbiegung die Schrift=
    sprache durch die Mundarten
    gereinigt oder bereichert
    werden? 119
1. Die Hauptwörter betreffend 120
2. Die Thätigkeitswörter be=
   treffend 120
Siebenter Abschnitt. In=
    wiefern können im Satzbau
    die Mundarten zur Reini=
    gung und Bereicherung der
    Schriftsprache beitragen? . 121
Achter Abschnitt. Inwiefern
    können in dem Stil die Rein=
    heit und der Reichtum der
    Schriftsprache durch die
    Mundarten gefördert wer=
    den? 123
1. Redebilder, welche den
   menschlichen Körper betreffen 124
2. Häusliches Leben und Haus=
   wesen 126
3. Essen 127
4. Kleidung 129
5. Geräte 130
6. Handel 130
7. Gewerbe und Handwerk . 131
8. Bauer und Dorf . . . 133
9. Fahren 134
10. Vergnügungen und Ähnliches 134
11. Tiere 135
  A. Säugetiere 136
  B. Vögel 138
12. Pflanzen 140
13. Weg und Wettererscheinungen 141
14. Zeit 141
Schluß 142

Einleitung.

Von alters her ist uns Deutschen die Neigung eigen, unserer
Sprache fremde Wörter und Formen einzuverleiben und die Sätze
nach ausländischen Mustern zu bauen. Doch gerade zu den Zeiten,
da man dieser Neigung in hohem Grade huldigte, wurde gewöhn=
lich eine entgegengesetzte Richtung hervorgerufen, deren Ziel die
Reinigung der Sprache von fremden Bestandteilen, besonders von
Fremdwörtern, war.

Eine solche Zeit des Ringens ist die unsrige. Entnehmen
auch viele Zeitungsschreiber fremdsprachlichen Zeitungen aus Be=
quemlichkeit eine Menge von Fremdwörtern, sowie von undeutschen
Formen und Sätzen, und halten viele Gelehrte ihre fachwissen=
schaftlichen lateinischen und griechischen Ausdrücke für unentbehrlich,
so erfaßt doch die Mißbilligung eines derartigen Verfahrens immer
weitere Kreise, und mehr und mehr Männer — und an ihrer
Spitze Gelehrte und Schriftsteller von hoher Bedeutung — machen
es sich zur Pflicht, die Fremdwörter möglichst zu vermeiden.

Je mehr dieses aber geschieht, um so nötiger wird eine
Untersuchung der geeigneten Mittel, die Fremdwörter und überhaupt
alles Fremdländische aus unserer Sprache thunlichst zu verdrängen.
Denn nicht bloß damit ist es gethan, daß man das Fremde einfach
über die Grenze weist, man muß es auch durch eigenes deutsches
Sprachgut ersetzen können.

Vielfach hat man den Versuch gemacht, die Fremdwörter durch
Zusammensetzungen zu ersetzen; ist ja doch die deutsche Sprache
sehr für diese geeignet, oder um mit Klopstock zu reden: „An
mannigfalter Uranlage zu immer neuer und doch deutscher Bildung
reich“. — Nun erfordert aber die Zusammensetzung neuer Wörter
ein großes Sprach= und feines Formengefühl. Leute, denen dieses
abgeht, haben oft die wunderlichsten und durchaus nicht lebensfähige
Gestalten geschaffen; und gerade solche Mißbildungen haben den
Gegnern der Sprachreiniger eine gewaltige Waffe des Spottes in

die Hand gegeben. Man erinnere sich nur an Gesichtserker für Nase, Gemütstrift für Affekt und Selbstand für Person. Neue Wörter zusammenzusetzen, sollte daher Geistern, welche mit einem feinen Sprach- und Formengefühl begabt sind, überlassen bleiben, wie einem Luther, einem Lessing, einem Goethe.. So besitzt die Lessingsche Schöpfung empfindsam und die Campesche Zerrbild volle Lebenskraft.

Ein anderes Mittel, Fremdwörter zu verdrängen, ist das der Umschreibung. Offenbar hat dieses aber den Fehler der Schwerfälligkeit an sich, da an Stelle eines mindestens zwei Wörter treten. Immerhin ist es jedoch das beste und bequemste für diejenigen, welchen das für die Zusammensetzung nötige Sprach- und Formengefühl, sowie eine wissenschaftliche Kenntnis der deutschen Sprache abgeht.

Für diejenigen aber, welche im Besitz einer solchen sind, ist ein besserer Weg vorhanden. Manches gute deutsche Wort, das einst in voller Lebensblüte stand, mit dem derjenige, welcher das altdeutsche Schrifttum durchforscht, bald vertraut wird, ist jetzt ausgestorben, und an seiner Stelle macht sich ein Fremdling breit. Gewiß ist es ein hohes Verdienst um die deutsche Sprache, solche alte ausgestorbene Wörter der Vergessenheit zu entreißen und sie wieder ins Leben zu rufen. Vieles und teilweise sehr Glückliches ist auch hierin von den deutschen Sprachforschern geleistet worden, namentlich von Jakob Grimm und Uhland. So sind die einst schon toten Wörter Hain, Fehde, Gau, Ger, Hort, Kämpe, Minne wieder neu erstanden; und es ist nur zu wünschen, daß auch die jetzigen Erforscher der deutschen Sprache noch andere alte Wörter neu beleben. Ein Bedenken hat aber dieses Verfahren auch. Das Altdeutsche ist ja doch in gewissem Sinne eine tote Sprache: Ist es ratsam, diesem toten Körper Fleisch zu entnehmen, um es der in voller Lebensblüte stehenden neuhochdeutschen Schriftsprache einzusetzen? Haben nicht auch diejenigen Wörter, welche wirklich ganz ausgestorben sind, bewiesen, daß sie nicht mehr lebensfähig waren? Ist denn aber alles tot, was in der Schriftsprache nicht mehr lebt?

Die Beantwortung dieser Frage führt uns auf das vierte und geeignetste Mittel, die Schriftsprache nicht bloß von Fremdwörtern, sondern auch von anderen fremden Bestandteilen zu reinigen und sie mit echt deutschem Sprachgute zu bereichern. Manches edle deutsche Wort, das die Schriftsprache nicht mehr kennt, hat sich in

den Mundarten noch lebendig erhalten und damit seine weitere
Lebenskraft bewiesen. Hier haben wir es also mit keinem toten,
sondern mit einem lebendigen Wort zu thun, welches aus der Schriftsprache, vielleicht nur einem Fremdworte zuliebe, verbannt wurde.
Hier haben wir ein lebendes Glied eines lebensvolleren und natur-
wüchsigeren Körpers als die Schriftsprache vor uns, und diese kann
an Lebenskraft und Naturwüchsigkeit durch seine Aufnahme nur gewinnen.

In den Mundarten haben sich aber auch neue Wörter gebildet.
Diese haben vor den früher besprochenen Wortbildungen hervor-
ragender Geister voraus, daß sie ihre Lebensfähigkeit schon bewiesen
haben, indem sie sich in der Mundart, in welcher sie entstanden
sind, erhielten.

Hinsichtlich des Lautstandes und der Abwandlung der
Wörter mögen die Mundarten der Schriftsprache nur weniges bieten
können; hingegen ist ihr Satzbau vielfach dem Geist der deutschen
Sprache angemessener als der letzterer.

So vermögen denn die Mundarten in doppelter Hinsicht die
Reinigung und Bereicherung der Schriftsprache zu fördern. Sie
können ihr einerseits altes, aber noch lebensfähiges Sprachgut wieder
erschließen, andererseits ihr neues, aber schon erprobtes zuführen.

Erster Abschnitt.

Auf welchem Wege hat die Überführung mundartlichen Sprachgutes in die Schriftsprache zu erfolgen?

Wie soll nun aber mundartliches Sprachgut der Schriftsprache zugeführt werden? Etwa mit Hilfe von gelehrten Werken, in denen geeignete aus den Mundarten gesammelte Wörter und Formen zusammengestellt werden? Unstreitig können derartige Werke von großem Nutzen sein. Daß aber unmittelbar durch solche die deutsche Schriftsprache eine thatsächliche Bereicherung erfahren, und das so vermittelte Sprachgut ihr wirklich in Fleisch und Blut übergehen würde, ist stark zu bezweifeln.

Oder soll auf Grund derartiger Sammlungen die Schule die Arbeit der Überführung übernehmen? Dies darf die Schule nicht. Eines ihrer ersten Gesetze ist und muß sein, nur Bewährtes den Schülern zu bieten. Sie hat sich an den Vorgang mustergiltiger Schriftsteller zu halten.

Dies führt uns aber auf den einzuschlagenden Weg. Volkstümliche Schriftsteller und namentlich Dichter sind die natürlichen Vermittler zwischen den Mundarten und der Schriftsprache. Nur was diese den Mundarten entnehmen, wird dem Volke zugeführt und erringt sich das Bürgerrecht in der Schriftsprache. Dies ist aber kein neu entdeckter, sondern ein alter, oft betretener Weg.

Wieviel auf diesem die Schriftsprache von den Mundarten empfangen kann, zeigt vor allem Luther, der klar erkannt hatte, daß der Kern der deutschen Sprache nicht in der Kanzlei-, sondern in der Volkssprache enthalten sei. Ersterer hat er daher nur die äußere Schale, den Lautstand, die Schreibweise und die Wortbiegung, für seine Schriftsprache entlehnt, während er sich im Wortschatz, in der Wortbildung und im Satzbau vorwiegend an letztere hielt. So hat uns denn schon dieser mit einem wunderbar feinen Sprachgefühl begabte große Geist durch die That gezeigt, daß hauptsächlich Wortschatz, Wortbildung und Satzbau der Schriftsprache durch die Mundarten gereinigt und bereichert werden können. Luther

nahm eine stattliche Anzahl von Wörtern in seine Bibelübersetzung
auf, die vor ihm nur in den mitteldeutschen Mundarten vorhanden,
den oberdeutschen aber fremd waren, was besonders daraus erhellt,
daß sich für die oberdeutschen Leser das Bedürfnis nach Erklärungen
derselben herausstellte. So fügte der Basler Adam Petri seinem
1523 erschienenen Nachdrucke des neuen Testamentes ein Verzeichnis
Lutherscher Wörter bei, die seinen Landsleuten unverständlich waren,
und nur einige Jahrzehnte später werden sie in Deutschland und
in der Schweiz allgemein im Schrifttum gebraucht. Es sind dies
die Wörter: bang, beschicken, betreten, deutlich, empören, ernten,
entkommen, erhaschen, freien, fühlen, geborsten, Gefäss, ge-
horchen, gichtbrüchig, Götze, heiraten, härmen, Heuchler, Hügel,
Kahn, Küchlein, lenken, Motte, Otter, pfropfen, plötzlich, rasen,
Scherflein, schmücken, Schoss, Splitter, spuken, Stachel, stäupen,
tadeln, tünchen, töpfern, überreichen, umbringen, Ufer, ver-
schmachten, vertreten, wichtig, Ziege. Vor Luther ist der Gebrauch
dieser Wörter ein mundartlich eng beschränkter, und was für lebens=
kräftige Teile der Schriftsprache sind sie durch ihn geworden!
Auch das jetzt so häufig gebrauchte Verhältniswort bis findet sich
vor ihm nur vereinzelt in oberdeutschen Schriften und wurde erst
durch ihn aus einem mitteldeutschen zu einem gemeindeutschen.
In Luthers Satzbau zeigt sich die Anlehnung an die volkstümliche Rede=
weise in dem häufigen Gebrauch von und, in dem der doppelten
Verneinung, wie kein nicht, in der Fortsetzung der Erzählung
durch das oft wiederholte hinzeigende der, wie Luk. 23,50: Ein
Ratsherr, der war ein guter — Mann, der —, ferner in der Weg=
lassung von Satzteilen und Sätzen, die sich aus dem Zusammen=
hang leicht ergeben. Auch stellt er das Thätigkeitswort gern in die
Mehrzahl, wenn ein Sammelname in der Einzahl Satzgegenstand
(Subjekt) ist, so Apost. 5,36 Und hingen an ihm eine Zahl
Männer. Alles dieses findet sich jetzt noch in den Mundarten. Wenn
aber ein Schriftsteller unserer Tage davon Gebrauch macht, so kann
er sich nicht bloß auf diese, sondern auch auf den ältesten muster=
giltigen Schriftsteller der neuhochdeutschen Schriftsprache berufen.

In einigen Fällen hat die Schriftsprache ein und dasselbe Wort
in zwei verschiedenen Formen angenommen, nämlich in derjenigen
der oberdeutschen und eines Teiles der mitteldeutschen Mundarten
und in der, welche sich bei dem andern Teile der mitteldeutschen
und bei den niederdeutschen findet.

So ist es bei sanft und sacht. Im Althochdeutschen heißt das Wort samfti, im Mittelhochdeutschen lautet das Eigenschaftswort senfte, das Umstandswort sanfto. Es schließt beide Bedeutungen von unserem sanft und sacht in sich und hängt mit dem gotischen samjan = gefallen, sich gefällig machen zusammen. Im Niederdeutschen und einigen nordmitteldeutschen Mundarten ist in diesem Worte, wie häufig, ft zu cht geworden und n ausgefallen, sodaß es also sacht lautet. Letztere Form gebraucht nun die neuhochdeutsche Schriftsprache ausschließlich in der Bedeutung langsam, während sie für sanft diese Bedeutung aufgegeben hat.

Ähnlich verhalten sich Waffe und Wappen. Beide gehen, wie das gotische vēpn zeigt, auf gemeindeutsches wāpan zurück, aus welchem in den meisten hochdeutschen Mundarten infolge der hochdeutschen Lautverschiebung wāffan und später wāfen wurde, während wāpen die unverschobene niederdeutsche und teilweise mitteldeutsche Form ist. Beide bezeichnen ursprünglich sowohl die Angriffs= als auch die Schutzwaffen, also auch den Schild, später aber auch das Zeichen an demselben. Die neuhochdeutsche Schriftsprache hat nun für die alte Bedeutung das hochdeutsche Waffe, für die spätere das niederdeutsche Wappen angenommen.

Nicht viel anders ist es mit Knabe und Knappe, sowie mit Rabe und Rappe. Im Mittelhochdeutschen sind knappe und rappe ursprünglich nur aus knabe und rabe durch Verschiebung von b entstandene Nebenformen, die ganz gleichbedeutend gebraucht werden. Rabe oder Rappe ist dann in ähnlicher Weise für ein schwarzes Pferd aufgekommen, wie Fuchs für ein rotes.

Auch schlecht und schlicht sind ursprünglich ein Wort. Im Mittelhochdeutschen hat sleht die Bedeutung von unserem schlicht, und sliht ist dazu nur eine mundartliche Nebenform. Die neuhochdeutsche Schriftsprache hat nun diese für die alte Bedeutung des Wortes aufgenommen, während sie schlecht im Gegensatz zu gut verwendet.

Die ursprünglich mundartlichen Formen Odem und Born neben Atem und Brunnen haben dagegen in ihr einen dichterischen Beiklang bekommen, während das niederdeutsche Laffe zur Bezeichnung eines einfältigen Menschen die hochdeutsche Form lappe ganz verdrängt hat.

Es ist klar, daß durch ein derartiges Verfahren die Schriftsprache eine Bereicherung erfahren hat.

Auch Lessing, Goethe und andere haben aus den Mundarten, sei es bewußt oder unbewußt, geschöpft. Manche der von
ihnen gebrauchten Wörter und Formen klingen uns noch mundartlich
und nicht recht schriftdeutsch. Dafür sind zwei verschiedene Gründe
vorhanden. Entweder waren die betreffenden Wörter oder Formen
zu Lebzeiten der erwähnten Schriftsteller noch in der Schriftsprache
sehr gewöhnlich, sind in ihr aber jetzt ungewöhnlich geworden,
während manche Mundarten sie noch festgehalten haben, oder sie
sind von den betreffenden Schriftstellern so selten gebraucht worden,
daß sie in der Schriftsprache nicht recht einwurzelten. Man kann
daher in Zweifel sein, ob sie wirklich als schriftdeutsche aufzufassen
sind. Sehr schlimm wäre es ja, wenn die Schriftsprache schroff von
den Mundarten getrennt wäre. Dann wäre jene wirklich eine tote
Buchstabensprache; denn wie Max Müller richtig sagt: „Das wirk-
liche und nationale Leben der Sprache pulsiert in ihren Mundarten.‟
— Eine solche Trennung besteht keineswegs, sondern ein warmer
Lebensstrom fließt ununterbrochen aus den Mundarten in die Schriftsprache. Namentlich ist es das Lustspiel und besonders die Posse,
wodurch die Verbindung hergestellt wird, doch auch der Gegenwart
entnommene volkstümliche Erzählungen. Hier muß der Verfasser sich der Redeweise des Volkes anpassen, um mit Erfolg auf
dasselbe wirken zu können. Ferner gehören zu jenen Übergängen
die Fachausdrücke der Handwerker, Bergleute, Schiffer und
anderer. Zu ihnen sind nun auch jene oben geschilderten Wörter
und Formen zu rechnen.

Betrachten wir einige davon näher! Nicht bloß Luther,
sondern auch Lessing gebraucht noch das alte abspannen für
abspenstig machen, und ganz so auch die Leipziger Mundart,
während die jetzige Schriftsprache es fallen gelassen hat. — Das
in der West- und Ostmeißner, sowie in der Leipziger Mundart so häufige ausgattern für auskundschaften wird wohl selten
jemand für schriftdeutsch halten, und doch hat es schon Lessing[1] gebraucht. Derselbe hat auch die in der Westmeißner und Leipziger
Mundart vorhandene Bezeichnung Fleischergang für einen ver-
geblichen Weg, ebenso Pfeffel. In Thüringen sagt man dafür

---

1) Nathan I,5: Der Patriarch
      Hiernächst hat ausgegattert, wie die Feste
      Sich nennt, und wo auf Libanon sie liegt, u. s. w.

Metzgergang. — Ferner gebraucht Leſſing Armut als ſäch-
liches Hauptwort[1]) in der Bedeutung: die armen Leute, wie
die Leipziger Mundart. — Ebenſo verhält es ſich mit aus-
fenstern = ausschelten.

Hierher gehört auch das bei Wieland[2]) ſich findende klatrig
für unangenehm, bedenklich, welches in dieſer Bedeutung
vielfach in der Weſt- und Oſtmeißner, ſowie in der Leipziger
Mundart vorkommt. Die urſprüngliche Bedeutung hat das Niederdeutſche und Holländiſche gewahrt, wo es in der Geſtalt von
kladderig besudelt, schmutzig bedeutet, von kladden = be-
sudeln abgeleitet. Dieſelbe Bedeutung hat auch das holländiſche
und ſchwediſche kladdig, während in Hamburg kladerig für
albern verwandt wird.

Auch bei Schippe und schippen für Schaufel und
schaufeln könnte man zweifelhaft ſein, ob ſie ſchriftdeutſch ſind,
und doch gebraucht ſie Muſäus. Sie ſind alte weitverbreitete
deutſche Wörter. Im Mittelhochdeutſchen iſt das Hauptwort schipfe
vorhanden mit der mitteldeutſchen Nebenform schippe, welche noch
viele mitteldeutſche Mundarten haben, ſo die Weſt- und Oſtmeißner, die Leipziger, die rheinfränkiſche. Auch in Berlin
ſagt man ſo, während die verbreitetere niederdeutſche Form
Schüppe iſt, welcher das holländiſche schup oder schop entſpricht, ſowie schoppen für schaufeln.

Reich iſt Goethe an derartigen Wörtern. Die wenigſten Gebildeten wiſſen, daß er noch das jetzt verpönte hint gebraucht, allerdings mit dem unnötigen Zuſatze von Nacht. Denn es iſt ein
Überreſt des althochdeutſchen hia naht, das heißt diese Nacht und
bereits im Mittelhochdeutſchen zu hinaht, hineht, hient, hinte, und
hint zuſammengezogen. Letztere Form iſt dann in neuhochdeutſcher
Zeit in einigen Mundarten infolge des Überganges von i in ei zu
heint geworden, wofür P. Gerhard heunt ſchreibt, während die
Ruhlaer Mundart häint hat. In den meiſten Mundarten dagegen, ſo in der Weſt- und Oſtmeißner, in der Leipziger, der
halliſchen, der Altenburger, der ſchleſiſchen und der Züricher,
iſt „i‘ verkürzt worden. Wenn doch Goethes Beiſpiel dieſe kurze

---

1 Nathan IV, 3.
2) Fiſcher und Geiſt: Das nähme wohl gar ein klatrigs Ende.

schöne Schwesterbildung von heute[1]) und heuer[2]) wieder zu Ehren brächte! — Nicht minder mundartlich klingt das von Goethe für Gefängnis gebrauchte Käfter, welches in der West- und Ostmeißner, in der Leipziger, der Thüringer, der vogtländischen, der deutschböhmischen und der Posener Mundart gebräuchlich ist. Es ist wie Käfig aus dem mittelhochdeutschen kevje, das damals schon die Nebenform keffet hatte und auf das lateinische cavea zurück geht, entstanden und demnach ein Lehnwort. — Das alte schon mittelhochdeutsch vorhandene und von Goethe noch gebrauchte Wort die Sehe läuft Gefahr, dem Fremdworte l'upille zuliebe aus der Schriftsprache verdrängt zu werden, während es in der West- und Ostmeißner, sowie der Leipziger Mundart noch lebendig ist. — Mit Wohligkeit, einer Weiterbildung von wohl für gesund, bezeichnet man in der Leipziger und östreichischen Mundart das angenehme Gefühl körperlichen Wohlbefindens, das der Genesende nach einem ruhigen gesunden Schlaf oder auch der Badende hat. So sagt man: Nach dem Bade kommt einem so eine Wohligkeit an. Im Mittelhochdeutschen heißt wolheit Annehmlichkeit. Auch dieses so mundartlich scheinende Wort hat bereits Goethe. — Vom Traume sagt Goethe ausgehen für erfüllen, desgleichen die West- und Ostmeißner, die Leipziger und die Wiener Mundart. — Ebenso mundartlich klingen die Goetheschen Ausdrücke durchwürgen für sich durchdrängen, auf die Hinterbeine treten oder sich stellen für Ausflüchte suchen, Widerstand leisten und sind sämtlich in der West- und Ostmeißner, sowie in der Leipziger Mundart vorhanden, letzteres auch in der west- und ostpreußischen. — Das Eigenschaftswort latsch, welches Goethe für schmutzig gehend anwendet, hängt jedenfalls zusammen mit dem mundartlichen männlichen Hauptwort Latsch, womit in der West- und Ostmeißner, sowie in der Leipziger Mundart ein abgetragener Schuh bezeichnet wird. — Auch das von Goethe gebrauchte tütscheln für mit der Hand liebkosen hat einen mundartlichen Klang und findet sich in der West- und Ostmeißner, in der Leipziger, in der bayerischen und in der Schweizer Mundart, während die Siebenbürger Sachsen dafür tutscheln sagen. Es ist wahrscheinlich eine Weiterbildung von

---

1) Aus althochdeutschem hiu tagu = an diesem Tage.
2) Aus althochdeutschem hiu jâru = in diesem Jahre.

Taize. — Nicht minder mundartlich klingt Goethes tifteln für
aussinnen und wird auch in der West= und Ostmeißner, in der
Leipziger, der erzgebirgischen, der Pfälzer und der Elsässer
Mundart gebraucht. Da im Mittelhochdeutschen tihten, woraus
unser dichten geworden ist, ganz in derselben Bedeutung vorkommt,
so ist wahrscheinlich tifteln daraus mit Übergang von h in f ent=
standen, möglicherweise aber auch aus mittelhochdeutschem tüfteln =
schlagen, — klopfen. — Bei dem Thätigkeitsworte stecken haben die
Mundarten im unbezüglichen Gebrauche starke Nebenformen entwickelt,
in Anlehnung an Thätigkeitswörter wie erschrecken mit den Formen
erschrak und erschreckte. Die Vergangenheit, ich stak, ist auch
in der Schriftsprache fest geworden; dagegen sieht man die Formen
der Gegenwart mit i, du stickst, er stickt, für mundartlich an, und
doch gebrauchen sie Luther[1]) und Goethe[2]), wenn stecken ohne Er=
gänzung steht, besonders in dem Sinne von sich befinden, ganz
so wie die Meißner und andere Mundarten.

Auch Voß hat aus der Mundart entlehnt, wenn er das An=
schlagen der Kirchenglocken mit dem Klöppel durch beiern bezeichnet,
welches Wort sich nicht bloß im Niederdeutschen, so bei Reuter[3])
und im Ost= und Westpreußischen, sondern auch in der Leip=
ziger Mundart findet.

Wenn Uhland ande für schmerzlich anwendet, so hat er
damit ein uraltes und in den Mundarten noch sehr lebenskräftiges
deutsches Wort wieder zu Ehren gebracht. Althochdeutsch bedeutet
das männliche Hauptwort anado und anto Eifer, Zorn, Verdruss
und hängt mit dem gotischen Thätigkeitsworte anan hauchen zu=
sammen. Das daraus entstandene mittelhochdeutsche Hauptwort ande
oder ant bedeutet Kränkung und das dadurch verursachte schmerz=
liche Gefühl. Diese Bedeutung hat And jetzt noch im Bayerischen.
Schon mittelhochdeutsch wird aber ande wie ein Eigenschafts= oder
Umstandswort vielfach gebraucht, besonders in den Redensarten
mir ist ande und mir tuot ande nâch etwaz. Hauptsächlich in
diesen Verbindungen haben es die Mundarten fest gehalten und
verwenden es zur Bezeichnung des Gemütsschmerzes, des Heimwehs,
der Sehnsucht u. a., so die West= und Ostmeißner, die Leip=

---

1) Bibel von 1545. 2. Sam. 16, 8: wo stickeſtn?
2) Götz von Berlichingen I. Wo stickſt Du? — Stickt sie denn nirgends?
3) III R. u. Belligen 46.

ziger, die Altenburger, die Pfälzer, die schwäbische und die
der Siebenbürger Sachsen. — Ebenfalls alt und in den Mundarten noch vorhanden ist die von Uhland für ‚unterdessen‘ gebrauchte
Form derweile.[1]) Mittelhochdeutsch ist wîle ein starkes weibliches
Hauptwort und bedeutet Zeit, der wîle heißt in der Zeit. So
findet es sich auch noch in der West- und Ostmeißner, der
Leipziger, der Thüringer und der schlesischen Mundart als
derweile, in der erzgebirgischen als d'rwelle, in der Basler als
d'rwil. — Nicht minder alt und von den Mundarten noch aufbewahrt
ist Uhlands nächt für in der vergangenen Nacht.[2]) Schon mittelhochdeutsch hat nehten, nechte und nächt dieselbe Bedeutung, und
ebenso auch jetzt noch die Form nächten in der West- und Ostmeißner, der Leipziger, der Altenburger, der Lausitzer, der
schlesischen, der Steiermärker, der Basler und der Züricher
Mundart, sowie necht in der allemannischen, wie Hebel be-
weist. — Neuern Ursprungs dagegen ist wohl das von Musäus
und Uhland gebrauchte dämisch für schwindelig, dumm.[3]) Es
findet sich in der West- und Ostmeißner, der Leipziger, der
Thüringer, der erzgebirgischen, der vogtländischen, der
Pfälzer und der östreichischen Mundart.

Der Matsch und matschen sind wohl allgemein als schriftdeutsch anerkannt. Heine hat die verkleinernde Bildung Gemätschel.
Hier sei Matsch nur erwähnt, weil es in der West- und Ostmeißner Mundart, sowie in der Leipziger vielfach für das
schwerfällige Fremdwort Konfusion gesagt wird.

Wörter, wie die aufgeführten, bedürfen natürlich keines Berechti-
gungsscheines mehr, um in der Schriftsprache benutzt zu werden; die
Männer, welche sie in dieselbe einführten, haben ihnen ein dauerndes
Heimatsrecht darinnen erworben. Im weiteren wird von derartigen
Wörtern und Formen abgesehen werden. Vielleicht ist ihre Erwähnung
im Zusammenhange insofern von Nutzen gewesen, als sie zum Gebrauche derselben ermutigt.

Wenn aber nun eine bestimmte Erklärung dafür gegeben werden
soll, was der hochdeutschen Schriftsprache schon angehört, so ist es

---

1) Sieben Zechbrüder.
2) Graf Eberhard IV, 18. Nächt ist in unsern Trieb — Der gleißende
Wolf gefallen.
3) Mutterkorn und andre Ware, die im Kopfe dämisch macht.

die: Alles das, was mustergiltige schriftdeutsch schreibende
Schriftsteller und Dichter gebraucht haben. Wenn manches
davon uns jetzt nicht mehr schriftdeutsch klingt, so bleibt es immerhin ein Bestandteil der neuhochdeutschen Schriftsprache, allerdings
einem früheren Zeitabschnitte · derselben angehörig. Denn diese ist
nicht ein erstarrter unbeweglicher Körper wie die lateinische, welche
auf Cicero und Cäsar festgenagelt ist, sondern in ihr geht fort-
während, wenn auch langsam, ein Stoffwechsel vor sich. Daher
müssen in ihr besondere, allerdings allmählich in einander über-
gehende Zeitabschnitte unterschieden werden. Greift nun ein Schriftsteller selbst bis auf Luther zurück und wendet von diesem gebrauchte,
doch auch in den Mundarten noch vorhandene Wörter und Formen
an, so kann man nicht sagen, daß er mundartlich schreibe, sondern
er schreibt schriftdeutsch in altertümlicher Weise. Derartige Wörter
sind aufhüpfen = schnell zu diensten stehen, zauen = sputen.
An diese mundartlich klingenden, jedoch schriftdeutschen Wörter und
Formen schließen sich als weitere Übergänge diejenigen an, welche
volkstümliche schriftdeutsch schreibende Schriftsteller der Gegenwart,
die aber noch nicht als mustergiltig anerkannt sind, den Mundarten
entlehnen. So gebraucht B. Scheffel gefährlich für 'sehr,[1])
ganz wie die West- und Ostmeißner und die Leipziger Mundart. — Wie mittelhochdeutsch ist von Immermann während
noch als Mittelwort verwandt worden,[2]) was allgemein noch in
der West- und Ostmeißner, sowie in der Leipziger Mundart
geschieht. — Ja selbst Richard Wagner macht in den Meistersingern
von dem volkstümlichen Walke für Prügel Gebrauch; walken
für prügeln findet sich in der West- und Ostmeißner, in der Leipziger, der Henneberger, der ost- und westpreußischen, und
walchen in der bayerischen Mundart. — Bästeln heißt in der
Meißner, Leipziger, erzgebirgischen, Pfälzer und schwäbischen Mundart: kleine Handarbeiten verrichten, so gebraucht
Freytag basteln.[3])

Dagegen scheinen die in den genannten Mundarten auch vorhandenen Wörter Kladde und Tunke im Durchdringen begriffen
zu sein. Die Kladde, verwandt mit dem S. 8 erwähnten klatrig,

---

1) Es war ihm mit seiner Arbeit nicht gefährlich Ernst.
2) In währender Erzählung.
3) Marcus König S 97: ich muß mir's zurecht basteln.

sowie mit dem holländischen kladbook und dem dänischen kladdobog, würde einen Erſatz für das Fremdwort Strazzo bieten, desgleichen Tunke für Sauce, obgleich uns das ſchon ſchriftdeutſche Brühe beſſer gefällt.

So haben wir wohl die äußerſte Grenze deſſen erreicht, was man noch ſchriftdeutſch nennen kann. Auf der andern Seite bilden den natürlichen Übergang Schriftſteller, die in Mundarten ſchreiben, wie Hebel, Reuter und Nadler. Durch ſie wird beſonders die Verbreitung mundartlicher Wörter und Formen auch außerhalb ihrer Mundart befördert, da ſie ja von Gebildeten in ganz Deutſch= land geleſen werden. Dieſe werden ſo mit dem Sprachgut fremder Mundarten vertraut, und oft bedarf es nur eines kühnen Griffes, um ein mundartliches Wort in die Schriftſprache einzuführen.

Hier nun iſt der Punkt, wo die Schule kräftig eingreifen und mittelbar ſehr für die Reinigung und Bereicherung der Schrift= ſprache durch die Mundarten wirken kann, indem ſie ſich eifriger, als es gewöhnlich geſchieht, mit muſtergiltigen mundartlichen Dich= tungen beſchäftigt und auf Sprachgut, das zur Einführung in die Schriftſprache geeignet erſcheint, hinweiſt.

* * *

Zweiter Abſchnitt.

Inwiefern können wiſſenſchaftliche Durchforſchungen der Mundarten zur Reinigung und Bereicherung der Schrift- ſprache beitragen?

Haben wir nun erkannt, daß nur durch die Vermittelung volks= tümlicher Schriftſteller und Dichter die Schriftſprache aus den Mund= arten bereichert werden kann, ſo ſcheint es, daß wir mit unſerer Unterſuchung zu Ende wären.

Doch wenn wir auch nimmer glauben können, daß durch ge= lehrte ſprachliche Abhandlungen und ſorgfältige Sammlungen aus dem Sprachſchatze der Mundarten die Schriftſprache eine unmittel= bare Bereicherung erfahre, ſo halten wir dieſe doch für höchſt nütz= liche Vorbereitungen dazu. Einmal bieten ja derartige Arbeiten eine nicht unbedeutende Anregung für Schriftſteller und Dichter, die volkstümlich ſchreiben wollen, und darin liegt ſchon ein großer

Wert. Ferner ist aber die Herübernahme von Wörtern und Formen aus den Mundarten in die Schriftsprache nicht so einfach, falls letztere dadurch nicht bloß eine äußerliche, sondern auch eine innere Bereicherung erfahren soll. Auch in die Mundarten haben sich viele Fremdwörter eingeschlichen, welche den deutschen Sprachwerkzeugen meist sehr angepaßt und daher nicht leicht als Fremdwörter zu erkennen sind. Dieselben sind natürlich von der Herübernahme auszuschließen. Um dies zu thun, ist aber eine wissenschaftliche Kenntnis der deutschen Sprache nötig. Hat doch sogar Luther, welcher für seine Zeit ein staunenswertes Verständnis für die deutsche Sprache besaß,[1] mehrere slavische Lehnwörter, die sich im Osten Deutschlands eingenistet hatten, der deutschen Schriftsprache zugeführt. So ist es seinem Einflusse zuzuschreiben, daß das slavische Lehnwort Grenze, welches vor ihm nur in den östlichen deutschen Mundarten heimisch geworden war, das alte schöne deutsche Wort Mark bis auf die dichterische Redeweise ganz verdrängte. Auch Schöps ist ein slavisches, durch Luther erst schriftdeutsch gewordenes Lehnwort.

Wiederum wird manchmal ein echt deutsches Wort für ein Fremdwort gehalten, so das Seite 2 erwähnte Nase, während es nach neueren Forschungen mit dem lateinischen nasus dem indogermanischen Wortschatze entsprossen, also eines der ältesten deutschen Wörter ist. Auch las unlängst Verfasser dieser Abhandlung einen Aufsatz, in dem die Beseitigung des „Fremdwortes Kladde" gewünscht wurde, und doch ist klad oder klat ein deutscher, in nieder- und mitteldeutschen Mundarten vorhandener Stamm, wie S. 8 gezeigt wurde.

Ferner ist es aber durchaus nicht gleichgiltig, in welcher Form das mundartliche Wort herüberkommt. Behält es die ursprüngliche, etwa niederdeutsche, bei, so erscheint es immerhin als ein nicht recht in die hochdeutsche Schriftsprache gehöriger Bestandteil, der länger kämpfen muß, um sich das Heimatsrecht zu erwerben. Ein Beispiel hierfür ist das oben erwähnte Kladde. Es ist daher, wenn auch nicht unerläßlich nötig, so doch sehr wünschenswert, daß die den Mundarten entnommenen Wörter vollständig hochdeutsche Form annehmen. Dazu gehört aber gleichfalls wissenschaftliche Kenntnis der deutschen Sprache. So sind Lochbeutel und

---

[1] Er hatte schon eine Ahnung von der hochdeutschen Lautverschiebung, indem er das Niederdeutsche für das ältere und einstmals Gemeindeutsche erklärte, das Hochdeutsche aber für eine spätere Entwicklung daraus.

Stechbeutel, die Namen zweier Meißelarten, in solcher Form aus dem Holländischen in die hochdeutsche Schriftsprache herübergekommen. Denn der Meißel heißt holländisch beitel; niederdeutsch betel; gemäß der hochdeutschen Lautverschiebung müßte dies hochdeutsch Beißel lauten, welche Form früher auch im Hochdeutschen vorkam. Demnach müßten diese Meißel Lochbeißel und Stechbeißel heißen.

Bei diesem Versuche, aus den Mundarten deutsches Sprachgut für die Schriftsprache zu gewinnen, ist der Verfasser zunächst von der ihm am genauesten bekannten Westmeißner ausgegangen. Das ist diejenige, welche man nördlich vom Erzgebirge zwischen und an den beiden Mulden bis zu ihrer Vereinigung hin spricht. Von anderen mitteldeutschen Mundarten hat er die Ostmeißner, welche östlich von jener bis zur Oberlausitzer Grenze gesprochen wird und ihr sehr ähnlich ist, ferner die Leipziger und erzgebirgische, welche man einschließlich der Übergangsmundarten nördlich und südlich von der Westmeißner spricht, sowie die schlesische und Pfälzer, letztere nach K. G. Nadler,[1]) genauer untersucht. Eine ähnliche Behandlung haben von den oberdeutschen Mundarten die allemannische nach Hebel, von den niederdeutschen die Mecklenburger nach Reuter und das Holländische erfahren.

Es bedarf wohl einiger Worte der Rechtfertigung, letzteres als deutsche Mundart aufzufassen. Zunächst sind uns Hochdeutschen, die wir zum großen Teil von den Mittel- und Oberfranken abstammen, die Holländer, welche Nachkommen der alten Niederfranken sind, stammverwandter noch als die Niederdeutschen, die Nachkommen der alten Sachsen und Friesen. Bildeten doch die verschiedenen fränkischen Stämme mehrere Jahrhunderte lang schon ein einheitliches Volk, während die Sachsen noch mit ihnen in bitterer Feindschaft lebten. Allein auch sprachlich steht das Altniederfränkische dem Althochdeutschen noch etwas näher als das Altsächsische. Das Holländische ist aber in gleicher Weise eine Weiterentwicklung des Altniederfränkischen, wie das Neuhochdeutsche eine des Althochdeutschen. Ferner hat die deutsche Schriftsprache thatsächlich schon aus dem Holländischen entlehnt, so die oben angeführten Wörter Loch- und Stechbeutel, sowie auch Hängematte vom holländischen hangmat

---

1) Fröhlich, Pfalz.

und Niete (von niet = nichts). Der Umstand aber, daß das Holländische in seinem Sprachgebiet nicht die hochdeutsche Schrift= sprache neben und über sich duldet, sondern selbst zur unumschränkt herrschenden Schriftsprache geworden ist, ändert nichts in seinem natür= lichen Verhältnis zur gemeindeutschen, die hoch= und niederdeutschen Mundarten umfassenden Sprache. Wohl hat es sich infolge davon selbständiger als die anderen Mundarten weiter entwickelt, doch bleibt es trotzdem eine solche. Weil nun aber das Holländische auf seinem Gebiete auch die Sprache des Staates, der Wissenschaft, der Kunst und des Handels geworden ist, so dürfen wir auch für diese Zweige menschlicher Thätigkeit eine Bereicherung an deutschem Sprachgut von ihm erhoffen, während uns die anderen Mundarten dafür nichts oder nur wenig bieten können, da sie ja Staat, Wissen= schaft, Kunst und Handel, vom Kleinhandel abgesehen, der Schrift= sprache überlassen mußten. Außerdem bieten uns Sprachbildungen, die nicht bloß in der holländischen Umgangs=, sondern auch in der holländischen Schriftsprache Wurzel schlugen, eine größere Bürg= schaft für ihre Lebensfähigkeit, als solche anderer Mundarten.[1])

Gelegentlich sind in dieser Abhandlung herbeigezogen worden:

1. von den oberdeutschen Mundarten: die Schweizer und zwar davon besonders die Appenzeller, die Züricher und die Baßler — ferner die Elsässer, die schwäbische, die bayerische, die Steiermärker, die östreichische und zwar besonders die Wiener Untermundart;

2. von den mitteldeutschen: die ostfränkische, das ist im wesentlichen die im bayerischen Franken gesprochene Mundart nebst der ihr noch zugehörigen vogtländischen und deutschböhmischen Unter= mundart, die Lausitzer, die zur obersächsischen Hauptmundart zu rechnende hallische, die Thüringer mit der Altenburger, die hessische und die Henneberger, sowie die der mittelfränkischen Hauptmundart angehörigen Koblenzer, Kölner und Jülicher;

3. von den niederdeutschen: die niedersächsische, die Ber= liner, die Hamburger, die Holsteiner, die Dithmarscher, die ostfriesische, die west= und ostpreußische;

ferner noch die Posener Mundart und die der Siebenbürger Sachsen.

---

1) Vielleicht wäre sogar die Herbeiziehung des uns Deutschen entfernter stehenden Dänischen, Norwegischen und Schwedischen, sowie des angelsächsischen Bestandteiles der englischen Sprache berechtigt.

Dritter Abschnitt.

Können bezüglich der Sprachlaute die Mundarten zur Läuterung der Schriftsprache beitragen?

Da das Schriftdeutsche im wesentlichen auf der Lautstufe einer bestimmten, der ostfränkischen, Mundart steht, so ist von vornherein ersichtlich, daß die Mundarten wenig zur Änderung der Bezeichnung der Laute werden beitragen können. Folgende Punkte kämen etwa in Betracht:

1. Schriftdeutsches e in bequem, fehlen, genehm, leer, Schere, schwer und selig ist aus mittelhochdeutschem ae hervorgegangen. Dies ist aber kein allgemein erfolgter Lautwandel, denn sonst müßten noch vielmehr Wörter diese Wandlung erfahren haben. Viele hochdeutsche Mundarten haben nun auch in diesen Wörtern das alte ae gewahrt, so die West- und Ostmeißner, wie überhaupt die meisten obersächsischen. In Gebärde, mittelhochdeutsch gebaerde, hat es die neueste Rechtschreibung wieder aufgenommen, folgerichtig müßte es dann aber auch in den andern oben genannten Wörtern geschehen.

2. In ober- und mitteldeutschen Mundarten trat schon seit dem 13. Jahrhunderte zuweilen für e der dumpfere Laut ö auf. Die neuhochdeutsche Schriftsprache hat dieses ö in ergötzen, Hölle, Löffel, löschen, Löwe, Schöffe, schöpfen, Schöpfer, schröpfen, schwören, wölben, Gewölbe, ent- und gewöhnen, zwölf und in den davon abgeleiteten Wörtern angenommen, doch erst nach Luther, welcher bloß einige spärliche Spuren dieses Lautwandels zeigt. Derselbe ist ebenfalls kein allgemein durchgedrungener; denn bei weitem den meisten Wörtern, welche mittelhochdeutsch e oder ë haben, ist dieses auch in der neuhochdeutschen Schriftsprache geblieben. Aber auch in den angeführten Wörtern haben jetzt die meisten ober-, mittel- und niederdeutschen Mundarten e, so die obersächsische, schlesische, erzgebirgische, Pfälzer, Mecklenburger und holländische. Es wäre daher vielleicht möglich, jedoch wohl kaum zweckmäßig, die für den Sprachkundigen störende Ausnahmestellung dieser Wörter zu beseitigen und sie wieder mit ‚e' zu schreiben, zumal ergetzen für ergötzen nach der neuen Rechtschreibung noch gestattet ist.

3. Ähnlich verhält es sich mit lügen, trügen, rümpfen und schlüpfrig. Im Mittelhochdeutschen und selbst noch bei Luther haben lügen und trügen ie, rümpfen und schlüpfrig i. Der Übergang von i in ü erstreckt sich aber auf noch weniger Wörter, als der von e in ö, und zwar ist er bei liegen und triegen durch Anlehnung an Lüge und Trug, bei schlipferec durch An= lehnung an schlüpfen bewirkt worden. Da diese Wörter nun in vielen und zwar auch in den unter 2. erwähnten Mundarten mit i gesprochen werden, so würde auch die Wiederaufnahme desselben in die Schriftsprache zu wagen, und dadurch eine Reinigung derselben zu erzielen sein. Wenn aber einer derartigen Rückkehr zu dem Alten hier nicht unbedingt das Wort geredet werden soll, so doch entschieden der Beseitigung der Nebenformen Hülfe von dem aus althochdeutschem hilfa hervorgegangenen Hilfe und Gehülfe von Gehilfe, welche die oben genannten Mundarten nicht kennen, ähnlich wie schon die Nebenform bezüchtigen von bezichtigen[1]) beseitigt worden ist.

4. Schriftdeutsches b in albern, falb, Farbe, gelb, Schaf= garbe, gerben, Milbe, mürbe, Narbe, Schwalbe und Sperber geht auf mittelhochdeutsches w zurück, und so wird es wohl in sämtlichen mitteldeutschen Mundarten noch im Inlaut gesprochen, wie überhaupt jedes inlautende b zwischen Selbst= lauten und zwischen l und r und Selbstlauten. Vielleicht wäre es daher angebracht, dieses alte w auch in die Schriftsprache auf= zunehmen.

5. Die Wörter adelig, billig und unzählig lauteten mittel= hochdeutsch adellich, billich und unzallich, sodaß ihnen eigentlich ein ch zukommt, welches sie auch bei Luther und in den meisten Mund= arten noch haben. Jedenfalls ist das g nur durch Mißverständnis von Gelehrten in die Schriftsprache gekommen, und um so wünschens= werter wäre die Schreibweise adellich, billich und unzähllich.

---

1) Das Wort hängt nicht mit züchtigen, sondern mit zeihen und verzichten zusammen.

Vierter Abschnitt.

Mundartliche Wörter, welche zur Verdrängung von Fremdwörtern dienen können.

Von allen Sprachgebieten kann der Wortschatz am meisten durch die Mundarten gereinigt und bereichert werden, wie schon im ersten Abschnitte gezeigt wurde, sei es nun, daß aus diesen der Schriftsprache Wortstämme, die ihr unbekannt aber doch deutsch sind, zugeführt werden, sei es, daß aus ihnen neue Wortbildungen alter Stämme sich entlehnen lassen. Die größte Beachtung verdienen diejenigen mundartlichen Wörter, welche geeignet sind, Fremdwörter ganz zu verdrängen oder deren Gebrauch doch wenigstens einzuschränken, und diese mögen zunächst eine zusammenhängende Besprechung finden.

Es ist nicht zu leugnen, daß in vielen Fällen ein Fremdwort noch gebraucht wird, wiewohl die deutsche Schriftsprache vollständig ausreichenden Ersatz dafür bietet. Wir sehen dann natürlich davon ab, ein mundartliches Wort vorzuschlagen. In mindestens ebenso vielen Fällen aber kann das schriftsprachliche Wort das Fremdwort deshalb nicht vollständig beseitigen, weil sich die Begriffe beider nicht ganz genau decken, und zwischen beiden ein, wenn auch noch so feiner Unterschied vorhanden ist; da bieten nun nicht selten die Mundarten Ersatz. So viele Fremdwörter behaupten sich deshalb so hartnäckig, weil die ihnen scheinbar entsprechenden schriftdeutschen Wörter zu edel oder zu gewichtig klingen, während sie denselben Begriff in gewöhnlicherem oder schwächerem Sinne geben. Bieten hier die Mundarten Aushilfe, so werden wir gern aus ihnen entlehnen. „Ein schamloser Mensch sein, keine Scham oder kein Schamgefühl besitzen, sich nicht schämen" ist ein harter Vorwurf, „sich nicht genieren" ein geringer Tadel, dem die in der Leipziger Mundart gebräuchliche Wendung keine Schäme haben vollständig entspricht, jedoch wieder mehr sagt, als „sich ungezwungen benehmen", welche Bedeutung „sich nicht genieren" auch zuweilen hat. Nicht immer aus Liebe zum Fremden wendet der Deutsche die Fremdwörter an, oft auch aus ehrfurchtsvoller Scheu vor den eigenen, die ihm zu hoch für den gewöhnlichen Gebrauch des Alltagslebens sind. So stehen „Scham" und „sich schämen"

im Dienste der Sittlichkeit selbst, „sich genieren" in dem der
äußeren Anstandsformen. Daher kommt es auch, daß der Deutsche
oft aus Bescheidenheit ein Fremdwort an Stelle eines deutschen
gebraucht. So bezeichnet „Studierter" und „Linguist" nur den
Stand oder das Fach, und keiner, der ein Recht dazu hat, wird
Bedenken tragen, diese Wörter in Beziehung auf sich selbst anzu-
wenden. Die ihnen scheinbar entsprechenden deutschen Wörter „Ge-
lehrter" und „Sprachforscher" enthalten aber zugleich den Nebenbegriff der Tüchtigkeit und klingen daher im Munde eines An-
fängers, der sich selbst damit bezeichnet, anmaßend.

Manche schriftdeutschen Wörter können ferner deshalb die
Fremdwörter nicht verdrängen, weil sie zu schwerfällig klingen, oder
weil der durch sie bezeichnete Begriff so häufig vorkommt, daß eine Ab-
wechselung des Ausdruckes erwünscht ist. Auch in diesen Fällen erscheint
uns eine Entlehnung aus dem Wortschatze der Mundarten geboten.

Auszuschließen sind natürlich hierbei sehr schwerfällige und
unschön klingende Wörter. Zwar müssen Wörter, die sich an schon
vorhandenes schriftdeutsches Sprachgut anlehnen und so ohne
weiteres verständlich sind, bevorzugt werden; doch sind auch solche
nicht auszuschließen, deren Wurzel von der jetzigen Schriftsprache
nicht mehr gekannt wird, wohl aber in einer früheren Zeit kräftige
Sprossen trieb.

Bei der Besprechung der einzelnen mundartlichen Wörter werden
wir uns nicht nach der Form und sprachlichen Verwandtschaft,
auch nicht nach der Reihenfolge der Anfangsbuchstaben richten,
sondern nach der sachlichen Bedeutung, weil wir glauben, daß
so am deutlichsten hervortritt, in welcher Weise die einzelnen Fächer
menschlicher Thätigkeit durch die Mundarten an Sprachgut bereichert
werden können. Auch entspricht wohl die so gewonnene Anordnung
am meisten der, wie sie das Leben von selbst mit sich bringt. Für
dieses aber, nicht für die Gelehrtenstuben ist dieser Aufsatz bestimmt.
Zuletzt jedoch wird ein nach der Reihenfolge der Buchstaben geordnetes Verzeichnis der Fremdwörter folgen, welche durch die in
Vorschlag gebrachten mundartlichen Wörter beseitigt werden sollen.
Noch einmal sei aber daran erinnert, daß wir aus den im zweiten
Abschnitt erörterten Gründen, bei Wörtern, die sich auf den Staat,
das Gerichts- und Kriegswesen, die Wissenschaft, Schriftstellerei und Kunst, das Kunstgewerbe und den Handel beziehen, fast ausschließlich auf das Holländische angewiesen sind.

1. Den Staat betreffende Wörter.

A. Staatsleitung und Verfassung.

Im Staatswesen gebraucht das Holländische mehrfach Wörter deutschen Stammes, wo wir Fremdwörter anwenden.

So hat es nicht bloß für Monarch und Monarchie als Staatsform, unsern seltenen Wörtern Alleinherrscher und Alleinherrschaft entsprechend, alleenheerscher und alleenheersching, sondern es besitzt noch für Monarchie im Sinne von monarchischer Staat eenheerschappij und für das Eigenschaftswort monarchisch eenheerschig. Ersteres würde ins Schriftdeutsche übertragen Einherrschaftei lauten, letzteres einherrschig.

Für Tyrann und Tyrannei wird im Deutschen selten Gewaltherrscher und Gewaltherrschaft gebraucht; und in der That sind diese beiden Wörter besonders der darin vorkommenden Lautverbindung lth wegen etwas schwerfällig, gefälliger dagegen die holländischen Bildungen geweldenaar und geweldenarij, welche hochdeutsch Gewaltner und Gewaltnerei lauten würden und um so eher in die Schriftsprache aufgenommen werden könnten, da sich eine ähnliche Bildung schon im Mittelhochdeutschen findet, nämlich gewaltaerinne = Gewalthaberin.[1])

Volksdespotismus oder Ochlokratie heißt holländisch volksdwang, auf hochdeutsch Volkszwang, das ist also der Zwang, den das Volk ausübt. Auch dieses Wort dürfte leicht verstanden werden, besonders wenn für Despot, Despotie und despotisch wieder mehr Zwingherr, Zwingherrschaft und zwingherrisch gesagt würde.

Der Begriff von Anarchie deckt sich weder mit Unordnung, welches zu allgemein ist, noch mit Gesetzlosigkeit, die auch in dem Staate eines Gewaltherrschers vorhanden sein kann. Das Holländische besitzt dafür wanorde, welches sich ins Schriftdeutsche am besten als Wahnordnung übertragen ließe und jenen traurigen Zustand der Anarchie, in dem aber nach dem Glauben ihrer Anhänger immerhin eine Art Ordnung herrschen soll, treffend als Wahnvorstellung und Hirngespinst bezeichnet.

Doch wenden wir uns wieder zu friedlicheren Begriffen!

---

1) Tristan 959.

Das holländische volksgeest erinnert uns erst daran, daß auch wir das schöne Wort Volksgeist für das langatmige Zwitterwort Nationalgefühl besitzen. Möge dieses doch, das durchaus nicht denselben Begriff, wie die ebenfalls so schöne Bildung Volksseele in sich schließt, mehr Anwendung finden!

Kapitulation oder gar Wahlkapitulation ist gewiß kein schönes Wort; unser deutsches Kurverein entspricht ihm nicht, da es nur die Vereinigung, die Versammlung zu einer Wahl, nicht aber die daselbst getroffenen Vereinbarungen bezeichnet. Dieses thut das holländische kiesverdrag, das ins Hochdeutsche übertragen Kürvertrag lauten würde. Dies ließe sich auch für Kartell und Kompromiss verwenden.

Amtliche Zusammenkünfte von Staatsmännern, Lehrern und anderen bezeichnet man mit dem Fremdworte Konferenz. Offenbar ist Zusammenkunft zu allgemein und kann es deshalb nicht verdrängen. Das Holländische verwendet dafür zamenspraak, dessen hochdeutsche Übertragung Zusammensprache wäre. Das ist aber eine alte deutsche Bildung, die sich schon im Mittelhochdeutschen in der Form von zuosamensprâche für das lateinische colloquium findet und den Begriff der Konferenz, des Zusammenkommens zur gegenseitigen Aussprache, sehr gut ausdrückt.

Kürzer und gefälliger als Wiedervergeltung und Gegenthätlichkeit für Repressalien klingt das holländische woderwraak, besonders in der entsprechenden hochdeutschen Form Widerrache, die auch schon mittelhochdeutsch als widerrâche vorkommt.

B. Verwaltung.

Für Magistratur, welches wir gewöhnlich durch obrigkeitliches Amt umschreiben, sagt der Holländer kürzer overkeitsambt, und auch im Schriftdeutschen würde Obrigkeitsamt nicht länger als das Fremdwort und kürzer als die Umschreibung sein.

Trotz Wachtmeistern und Schutzleuten ‚arretieren‘ doch ‚Gensdarmen‘ und ‚Polizeidiener‘ noch vielfach. Verhaften könnte aber an Stelle eines berittenen Gensdarmen ein Landreiter, welches Wort im Schriftdeutschen selten, im Mecklenburgischen aber allgemein üblich ist, wie Reuter[1]) zeigt. — Zur Bezeichnung des nichtberittenen Beamten ist das jetzt in der

---

1 Reuters Werke II. Memoiren eines alten Fliegenschimmels u. a.

Schriftsprache selten gebrauchte Webel oder richtiger Weibel zu empfehlen. In letzterer Gestalt war es einst im Mittelhochdeutschen häufig, und hat es noch der allemannisch schreibende Hebel. Da die Zusammensetzung Feldwebel noch allgemein üblich ist, so dürfte auch das einfache Wort leicht wieder verständlich werden. — Beachtung verdient auch das im Thüringischen gebräuchliche Feldjäger für Landgensdarm. — Dagegen ist Reuters Kniper, welches hochdeutsch Kneifer lauten müßte, für Polizeidiener wenig empfehlenswert, da es wie ein Spitzname klingt; doch ist ja dafür schon die gute Bildung Schutzmann vorhanden.

Das deutsche Wort verhaften ist es wert, für arretieren im ernsten Sinne ausschließlich gebraucht zu werden, paßt aber nicht in Erzählungen, die in launigem Tone gehalten sind, da es in ihnen zu ernst, ja fast zopfig klingt. Für diese eignet sich aber vortrefflich das mundartliche einwickeln, das als eiwiggeln in der West- und Ostmeißner sowie Leipziger Mundart in dieser Bedeutung vorhanden ist; denn es klingt volkstümlicher und harmloser. — Im gleichen Sinne gebraucht die Leipziger Mundart eischbinn, das ist einspinnen, welches in der Form von inspunnen im Niederdeutschen verbreiteter ist, so in der Berliner und Mecklenburger Mundart, wie Reuter zeigt. Auch dieses wäre sehr geeignet, kommt aber wohl nur in der Leideform vor. In Hamburg ist in derselben Bedeutung verschütten üblich. Allen drei Wörtern liegt ein ganz ähnliches, sehr anschauliches Bild zu Grunde. Nach der Auffassung des Meißner wird der zu Verhaftende eingehüllt oder eingewickelt, wie ein Stück gekaufter Ware vom Verkäufer, nach der des Berliner und Mecklenburger wird er eingesponnen, wie ein Kerbtier von der Spinne, nach der des Hamburger wird er wie ein in ein Loch gelegter Gegenstand mit Erde überschüttet.

Zur Verdrängung des in vielfacher Bedeutung üblichen Fremdwortes Kontrolleur eignet sich neben den schon vorhandenen Gegenschreiber und Gegenaufseher auch die holländische Bildung tegenboekhouder, auf hochdeutsch Gegenbuchhalter, womit der Beamte bezeichnet werden kann, welcher das Gegenbuch führt. Gegenbuch ist aber bereits im Schriftdeutschen zulässig.

Matrikel und Namenregister lassen sich durch die ohne weiteres verständliche holländische Zusammensetzung naamlijst, hochdeutsch Namenliste, beseitigen, welche kürzer als das schon schriftdeutsche Namensverzeichnis ist.

Desgleichen wäre Personalien durch das holländische omstandigheden, hochdeutsch Umständigkeiten, zu entfernen, wofür man auch kürzer Umstände sagen könnte, da ja in die Personalien die wesentlichen Umstände des Lebenslaufes aufgenommen werden.

Protokoll giebt das Holländische mit dagverhaal wieder. Verhaal hängt mit unserem holen zusammen und bedeutet Erzählung, Bericht. An Stelle des jedenfalls unverständlichen Tagverhol wäre wohl besser, in Anlehnung an tagen, ins Schriftdeutsche Tagebericht aufzunehmen; das ist der Bericht, welcher über eine Versammlung während des Tages oder der Verhandlungen selbst abgefaßt wird.

Tagzeichnen und Tagzeichnung, die genauen Übertragungen von den holländischen Wörtern dagteekenen und dagteekening, für datieren und Datum rechtfertigen sich wohl von selbst.

Für Denunziantenlohn hat das Erzgebirgische ein sehr bezeichnendes Wort Bitldreier, schriftdeutsch Bütteldreier. Es ist dies eine Ableitung von dem alten Worte Büttel, althochdeutsch butil, mittelhochdeutsch bütel, das von bieten kommt und Gerichtsbote bedeutet. Hiermit ist jedenfalls zunächst der Dreier, eine früher gebräuchliche Münze im Wert von drei Pfennigen, gemeint, den der Gemeindebeamte als Gebühr für eine erstattete Anzeige empfing. Dann ist es auf die Belohnung eines unberufenen Anzeigers übertragen worden. Das Schlesische hat in derselben Bedeutung Klagegröschel, das ist also der Groschen, den man für eine Anklage bekommt.

2. Recht und Gerichtswesen.

Unser einfaches Thätigkeitswort dingen, das wir jetzt nur noch in dem Sinne von vermieten gebrauchen, hatte im Altdeutschen eine viel weitere Bedeutung. Das althochdeutsche dingôn und das altsächsische und teilweise auch altfränkische thingôn bedeuten verhandeln, unterhandeln. Letztere Bedeutung hat auch noch das mittelhochdeutsche dingen, bedeutet aber außerdem noch vor Gericht reden, vor Gericht eine Sache führen, wird also ganz in dem Sinne von unserem Fremdworte prozessieren gebraucht. Diese Bedeutung hat sich nun dingen im Holländischen noch gewahrt, und es dürfte nicht schwer fallen, sie für das Schriftdeutsche wieder zurück zu erobern, besonders da bedingen und Bedingung eine Anlehnung bietet. — In Anschluß daran könnte es sich empfehlen, auch das holländische regtsgeding in der Form von Rechtsgeding für Prozess anzunehmen; denn schon das althochdeutsche gidingi bedeutet Gerichtsversammlung, Verhandlung, wie auch das altsächsische thing; doch sind die schriftdeutschen Ausdrücke Rechtsstreit und Rechtshandel ebenso gut.

Für Konkurs ist in der Schweiz noch das alte Geltstag[1]) in Brauch, welches mittelhochdeutsch in der Gestalt von gelttac Zahltag bedeutet. Es ist also eigentlich der Tag gemeint, an dem die Masse, das Geld, an die Gläubiger ausgezahlt wird und wäre auch für das Schriftdeutsche in der Form von Geldtag geeignet.

3. Kriegswesen.

Sehr der Verdeutschung bedürftig ist das Kriegswesen, so zunächst in der Bezeichnung der Rangstufen. Generalfeldmar=schall, Generallieutenant, Generalmajor, Oberstlieutenant sind neben den schönen deutschen Wörtern Oberst und Hauptmann recht langatmige Fremd= oder Zwitterwörter. Auch hierin beschämen uns zum Teil die Holländer.

Zunächst haben sie für das alte deutsche Wort marschalc nicht wie wir die französische Form Marschall, sondern noch maarschalk und veldmaarschalk, ferner aber für den Armeechef oder den Befehlshaber eines größeren Heerkörpers, also in dem Sinne von unserem General, noch das alte deutsche veldoverste. Mit Hilfe dieses Wortes ließen sich General und sämtliche damit zusammengesetzte Titel beseitigen, indem man für Generalfeldmarschall Feldmarschall oder Feldmarschalk, für General Feldoberst, für Generallieutenant die Neubildung Feldobersthauptmann und für Generalmajor das alte Feldhauptmann setzte, sodaß das vorgesetzte Feld dem jetzt vorgesetzten General entspräche. Oberstlieutenant ließe sich durch das veraltete Obersthauptmann, Major durch das noch gebräuchliche Oberstwachtmeister und Lieutenant vielleicht durch Rottmeister oder Rottenführer geben.

Das holländische rijswerk, hochdeutsch Reiswerk, für Faschinenwerk ist zweifellos sehr kurz und gefällig, sowie auch durch die Anlehnung an Reisig verständlich.

---

1) J. Gotthelf, Erzählungen I, Elsi: der Geltstag brach aus.

Auch ließe sich für das im Kriegswesen so vielfach verwendete
defensiv das Mittelwort verteidigend, dem holländischen
verdedigend entsprechend, gebrauchen.

4. Kirchenwesen.

Für Konfirmanden ist Betkinder, die hochdeutsche Übertragung des Reuterschen Bedkinner,[1]) zu empfehlen, welches eine
gute Anlehnung an Beichtkind findet. Ähnlich gebraucht Hebel
Chinderlehr, das ist Kinderlehre, für Konfirmationsstunde.[2])
In der Schweiz sagt man für in die Konfirmationsstunde gehen:
unterwiesen werden.

Für Kruzifix hat das Holländische die schöne Bildung
kruisbeeld, hochdeutsch Kreuzbild,[3]) während kerkgebar für
Liturgie uns wenigstens unser seltenes Kirchengebrauch ins
Gedächtnis rufen mag.

5. Wissenschaft.

A. Allgemein wissenschaftliche Ausdrücke.

Sehr wünschenswert wäre es, daß das deutsche Wort Hoch-
schule das langatmige Fremdwort Universität vollständig verdrängte. In Anlehnung daran und an die an höheren Schulen
schon übliche Bezeichnung Oberlehrer könnte dann auch das holländische Wort hoogleerar, auf hochdeutsch Hochlehrer, das
Fremdwort Professor beseitigen. Übrigens hat das Mittelhochdeutsche schon hôchlêrer.

Wie das Umstandswort wett für quitt schon erkennen läßt,
hatte auch das Hauptwort Wette früher eine weitere Bedeutung
als jetzt und zwar im Mittelhochdeutschen die von Rechtsverbind-
lichkeit, Gesetz. Eine ähnliche Bedeutung hat gleichfalls noch die
holländische Zusammensetzung jaarwedde behalten, welche sowohl
Stipendium als auch Pension bedeutet und als Jahrwette
Ersatz namentlich für ersteres Fremdwort bietet.

---

1) Reuters Werke II, Läuschen 69. — 2) 6. Der Schmelzosen: am
Suntig no der Chinderlehr. — 3) Auch Dunger schlägt in seinem Wörter-
buche von Verdeutschungen entbehrlicher Fremdwörter dieses Wort vor,
doch ist es unseres Erachtens noch nicht schriftdeutsch und daher die Erwähnung unsererseits gerechtfertigt.

In dem Fremdworte System liegt der Begriff der wissen=
schaftlichen oder doch planmäßigen Zusammenstellung. Von dem
uns in stoln erhaltenen Stamme haben nun die Holländer mit
Anfügung der auch in unserem Rätsel und anderen vorhandenen
Bildungssilbe sel das kurze Wort stelsel gebildet und besitzen
außerdem noch für systematisch das mittelhochdeutsch in der Bedeutung
stillstehend gebräuchliche Eigenschaftswort stellig; für das Schrift=
deutsche erscheint uns, wenn auch nicht Stollsel so doch stellig
als lebensfähig, desgleichen die holländische Weiterbildung von
letzterem leerstellig als lehrstellig für dogmatisch.

B. Weltweisheit.

Als eine vorzügliche Bildung für Ideal erscheint uns das
holländische denkbeeld, hochdeutsch Denkbild, also das in den
Gedanken entworfene Bild, welches an Vorbild und Urbild gute
Stützen findet, keineswegs aber damit sich deckt. — Das demselben
Stamme entsprossene holländische weibliche Hauptwort gedachte
für Idee ist keine Neubildung, denn schon im Mittelhochdeutschen
bezeichnet der Sammelname diu gedaht zusammenfassend die Ge=
danken. So möge es denn in der Gestalt die Gedachte wieder
auferstehen und im Verein mit Denkbild das Volk der Denker von
der Notwendigkeit befreien, die Bezeichnungen der Vorgänge des
Denkens von den Griechen erborgen zu müssen.

Für Sophismus ist Trugschluss sehr üblich; daran könnte
sich das holländische drogredenaar lehnen, welches Sophist be=
deutet und im Schriftdeutschen zu Trugredner werden würde.

C. Zahlen= und Raumlehre. [1])

Für Mathematik und mathematisch dürften sich viel=
leicht die holländischen Bildungen rekenkunde und rekenkundig,
das ist hochdeutsch Rechenkunde und rechenkundig, eignen,
wiewohl sie im Holländischen mehr in dem engeren Sinne von
Arithmetik und arithmetisch gebraucht werden; für ersteres haben
wir aber schon das passende Wort Zahlenlehre; auch rechnet man
nicht bloß mit Zahlen=, sondern auch mit Raumgrößen.

Kürzer als Buchstabenrechnung für Algebra ist auch das
holländische stelkunst, hochdeutsch Stellkunst, doch nicht recht für

---

[1]) Diese schöne Bildung für Geometrie gebrauchen wir in Anschluß an
Dunger, Wörterbuch von Verdeutschungen entbehrlicher Fremdwörter.

uns verständlich, da uns das im Holländischen vorhandene sächliche
Hauptwort stel, welches Anordnung bedeutet, fehlt. Von stelkunst ist stelkunstig für algebraisch abgeleitet.

Schön und ohne weiteres verständlich ist dagegen die holländische Zusammensetzung kunstgetal, hochdeutsch Kunstzahl,
für Logarithmus; sind doch die Logarithmen Zahlen, die erst durch
die Wissenschaft, also künstlich geschaffen worden sind.

Auch das holländische tientallig, hochdeutsch zehnzählig,
für dezimal ist beachtenswert und lehnt sich an unzählig an,
sowie an die von Dunger vorgeschlagenen Verdeutschungen Zehntel-
bruch für Dezimalbruch und Zehnerrechnung für Dezimalrechnung.

Gleichfalls brauchbar ist die holländische Bildung hoeveel-
heid, das ist hochdeutsch Wievielheit, für Quantität im wissenschaftlichen Sinne; denn im gewöhnlichen Leben genügt Menge und
Vielheit, an welchem Wort Wievielheit eine Stütze findet.

Auch das holländische kantzuil ist bezeichnender für Prisma
als unser selten dafür gebrauchtes und falsches Wort Ecksäule und
in der Form Kantensäule ohne weiteres verständlich.

D. Naturwissenschaft.

Für Chemie ist im Schriftdeutschen bereits Scheidekunst
vorhanden; dieses paßt aber dafür ebensowenig wie Erdmesskunst
für Geometrie; denn die Chemie ist eine Wissenschaft und keine
Kunst. Geeigneter ist auch hier die holländische Bildung mit
kunde scheidkunde, hochdeutsch Scheidekunde, ähnlich wie Alter-
tumskunde gebildet. Mit Scheidekunde könnten dann auch die
Ableitungen davon scheidkundig und scheidkundige als scheidkundig und Scheidkundiger für chemisch und Chemiker
aufgenommen werden. Zusammenstellungen wie chemischer Prozess
ließen sich durch Scheidevorgang und Ähnliches geben.

Den Magnet und den Magnetstein nennt der Holländer
zeilsteen. Zeil ist zusammengezogen aus zegel. Auch mittelhochdeutsch findet sich segelstein und sigelstein für Magnet. Dies ist
nun entweder eine Entstellung aus sigestein, das ist ein Stein,
dessen Wunderkraft den Sieg verleiht, oder eine Zusammensetzung
mit mittelhochdeutschem segel, welches die Nebenform sigel hat und
ganz dem neuhochdeutschen Segel entspricht. Dann wäre segelstein
ein Stein, der, wie das Segel das Schiff, das Eisen fortzieht.

Für letzteres spricht, daß zeil für Segel und zeilen für segeln die gewöhnlichen holländischen Formen sind, und zeil sich noch in anderen Zusammensetzungen findet, so in zeilmaker Segelmacher. Demnach würde Segelstein die hochdeutsche Form für zeilstein sein.

Für Akustik besitzt das Holländische gehoorleer. Gehör-lehre würde aber im Hochdeutschen einen anderen Sinn geben und die Lehre vom Gehör bedeuten; annehmbarer wäre die einfachere Bildung Hörlehre.

E. Erdbeschreibung.

Während wir für Zone in Erdstrich ein vollständig passendes Wort haben, ist Himmelsstrich nicht recht für Klima geeignet. Unter letzterem versteht man die Beschaffenheit der Luft an einem bestimmten Erdstriche, und die holländische Bildung luchtstreek, hochdeutsch Luftstrich, erscheint daher als sehr treffend.

Hochebene deckt sich nicht ganz mit Plateau; denn ersteres Wort gebraucht man nur von einer weit ausgedehnten hochgelegenen ebenen Fläche, während Plateau auch von einer solchen mit nur geringer Ausdehnung gesagt werden kann. In ganz ähnlicher Bedeutung ist nun im Ostmeißnischen das alte, schon mittelhochdeutsch vorhandene Ebenheit noch erhalten. So nennt man z. B. die zwischen dem Lilien= und Königstein befindliche Fläche. Dieses Wort würde daher einen Ersatz für Plateau bieten und gefällt uns besser als das vom Generalstab dafür gebildete Hochfläche.

Sehr zu wünschen wäre es, daß unser schönes altes Wort Eiland wieder Insel verdrängte; Insulaner und Inselbewohner könnten dann durch die holländische Ableitung von Eiland eilau-der, das ist hochdeutsch Eiländer, ersetzt werden.

F. Geschichte.

Von Erzvater, das auch bei uns für Patriarch gebräuchlich ist, hat das Holländische aartsvaderschap für Patriarchat ab-geleitet, und auch im Schriftdeutschen würde Erzvaterschaft nicht länger und schwerfälliger als das Fremdwort sein.

G. Heilkunde.

Für Diät im ärztlichen Sinne sind unsere Bildungen Lebens-regel und Lebensordnung zu allgemein, da sie sich auch auf die

Einteilung der Zeit und Beschäftigung beziehen können. Bestimmter ist die holländische Bezeichnung eetregel, welches, umgestaltet in Essregel, auch lebensfähig für das Schriftdeutsche erscheint.

Für Apotheke hat das Holländische artsenijwinkel. Genau übertragen würde dies hochdeutsch Arzneiwinkel lauten, was einen schiefen Sinn gäbe. Das holländische winkel bedeutet aber Laden, und Arzeneiladen dürfte auch im Schriftdeutschen sich das Heimatsrecht erkämpfen.

Ohne weiteres passend erscheint dagegen das holländische Wort artsenijmenger, hochdeutsch Arzeneimenger, für Apotheker.

6. Schriftstellerei und Schreibwesen.

Für polemisieren im schriftstellerischen Gebrauche haben wir kein passendes Wort, sondern müssen es durch einen Federkrieg führen umschreiben. Der Holländer gebraucht dafür das Thätigkeitswort twisten und für polemisch twistend, und auch in das Schriftdeutsche dürfte zwisten und zwistend Aufnahme finden. Denn es lehnt sich an Zwist, welches Polemik ersetzt, zwistig und Zwistigkeit an, die einen schwächeren Sinn als Streit, streitig und Streitigkeit haben; ist doch der Grundbegriff von Zwist, welches mit zwei verwandt ist, die Äußerung zweier verschiedenen Meinungen.

Für kritisieren haben wir in beurteilen ein schönes Wort, und auch Beurteilung genügt vielfach für Kritik, sowie Beurteiler für Kritiker. Um so mehr empfiehlt es sich, auch das holländische oordeelkundig in der Gestalt von urteilskundig zu entlehnen und in passenden Fällen für kritisch zu gebrauchen.

Für den berufsmäßigen Bücherrecensenten würde sich dann die holländische Weiterbildung boekbeoordeelaar, das ist Buchbeurteiler, und für seine Berufsthätigkeit boekbeoordeelen, hochdeutsch buchbeurteilen, eignen, welche ähnlich wie Buchhändler, Buchdrucker, Buchbinder, buchbindern gebildet sind.

Entwurf wird schon zuweilen für Konzept gebraucht; in Anschluß daran könnte auch Konzeptpapier durch Entwurfpapier, dem holländischen ontwerppapier nachgebildet, ersetzt werden.

Strichzeichen ist keine gute und üblich gewordene Verdeutschung von Komma. Besser ist das holländische scheidteeken, hochdeutsch

Scheidezeichen, das sich an Satzzeichen anlehnt, welches für Interpunktion jetzt aufkommt.

Für paginieren besitzt das Holländische bladzijden, hochdeutsch blattseiten, das heißt also die Blätter mit Seitenzahlen versehen. Vielleicht verdient die kürzere Bildung seiten den Vorzug.

7. Kunst.

A. Redekunst.

Für Rhetorik, welches Wort die wissenschaftlichen Kenntnisse von der Redekunst bezeichnet, fehlt uns im Gegensatz zu letzterer, der Kunst selbst, noch ein passendes deutsches Wort. Der Holländer hat dafür redekunde, welches sich ohne weiteres ins Schriftdeutsche aufnehmen läßt.

Selten wird für Allegorie Gleichnisrede gesagt, da es etwas schwerfällig ist. Ein schönes und leicht verständliches Wort besitzen die Holländer dafür in beeldrede, das ist hochdeutsch Bild- oder Bilderrede, welches sich an Bildersprache und Redebild anlehnt, keineswegs aber damit deckt. Denn während Redebild der einzelne bildliche Ausdruck ist und Bildersprache die Sprechweise, die sich solcher Ausdrücke bedient, ist Bilderrede eine in jener Sprechweise gehaltene Erzählung.

Für Metapher ist unsere Übertragung zu allgemein. Das Holländische hat dafür leenspreuk, hochdeutsch Lehnspruch, ferner leenspreukig, hochdeutsch lehnsprüchig, für metaphorisch. Da wir schon Bildungen wie Lehnwort und Redewendungen wie ein Bild, einen Vergleich entlehnen haben, so erscheinen uns jene holländischen Zusammensetzungen als aufnehmbar.

Für das schwerfällige Fremdwort Anekdote empfehlen wir, soweit dafür nicht Schwank anwendbar ist, Reuters Läuschen und zwar in unveränderter Form, da es schon in allen Gauen Deutschlands Leser finden wird, die es aus Reuters Werken kennen. Außerdem ist die Abstammung dieses Wortes noch nicht sicher erwiesen. Gewöhnlich nimmt man an, daß es auf das gotische laiks Tanz zurückgehe, von welchem das mittelhochdeutsche leich Gesang abstammt. Dieser Bedeutungswandel erklärt sich leicht; denn für Tanz konnte leicht die Bedeutung Tanzlied und hierfür wieder die allgemeinere Gesang eintreten. Schwieriger aber ist daraus die Entstehung der Bedeutung schnurrige Erzählung, Anekdote zu erklären. Denn diese Bedeutung hat Läuschen bei Reuter, wie besonders klar aus I, 35 hervorgeht:

„De oll Kasprati is gewiß
Tau Rostock nich allein bekannt,
Un männig schönes Läuschen is
Von em bericht't börch't ganze Land.‟

Während wir für Disputation das deutsche Wort Streitrede haben und daher des holländischen twistrede oder redetwist entraten können, fehlt uns für disputieren ein deutscher Ausdruck. Hierfür wäre das dafür gebräuchliche holländische redetwisten als redezwisten zu verwenden, wenn einmal zwisten für polemisieren[1]) eingeführt ist.

Ganz in dem Sinne der Redensart: jemanden ad absurdum führen gebraucht man in der Leipziger Mundart: eenen uff'n Froppen setzen, das ist schriftdeutsch einen auf den Pfropf setzen.

In der Bedeutung konfus reden oder konfus schwatzen ist in mehreren Mundarten, so in der West= und Ostmeißner, der Leipziger, der erzgebirgischen, der schlesischen und der Berliner, quatschen üblich. Dieses Wort bezeichnet das Reden ohne folgerichtigen Gedankengang, ist aber noch nicht so stark, wie verwirrt reden, welches schon auf geistige Störung deutet. Jedenfalls haben wir hier einen uralten deutschen Wortstamm vor uns. Sprechen heißt nämlich gotisch quithan, angelsächsisch cvedhan, friesisch quetha, altsächsisch und althochdeutsch quedan und mittelhochdeutsch quëden. Die erste Vergangenheit davon ist quât, welcher auch das englische quoth·I = sagte ich entspricht. Von quât ist nun wahrscheinlich quatschen abgeleitet, ähnlich wie mittelhochdeutsches quatern = quaken. Für konfuses Geschwätz wird in den erwähnten Mundarten der Quatsch gesagt.

Von demselben Stamm ist wohl auch quasseln und die Quasselei, welche Wörter sich in der West= und Ostmeißner, der Leipziger, der Berliner und noch anderen niederdeutschen Mundarten finden und sich in der Bedeutung wenig von quatschen und Quatsch unterscheiden, nur daß man bei ihnen mehr an das schnelle Sprechen denkt. Bei den Siebenbürger Sachsen heißt quaseln unverständig, kindisch reden.

---

1) Vergl. 6 dieses Abschnittes.

B. Dichtkunst.

Ein passendes Wort besitzt das Holländische für Rhythmus in klankmaat, welches hochdeutsch Klangmass lauten würde.

Für Episode im dichterischen Sinne, in welchem es eine in den Gang der Haupthandlung eingeflochtene Nebenhandlung bezeichnet, bietet das Holländische wiederum eine Bildung mit sel, nämlich bijverdichtsel, das im Schriftdeutschen die Gestalt von Beigedichtsel bekäme, wofür aber Beidichtung mehr zu empfehlen ist.

8. Das Bau- und Kunstgewerbe betreffende Wörter.

A. Das Baugewerbe im allgemeinen.

Zur vollständigen Verdrängung von Architektur und Architekt empfiehlt es sich, neben dem hochdeutschen Baukunst und Baukünstler noch das Holländische bouwkunde und bouwkundige als Baukunde und Baukundiger aufzunehmen. Denn während jene die künstlerische Seite der Begriffe von Architektur und Architekt enthalten, geben letztere die wissenschaftliche wieder.

Auch für das schwerfällige Zwitterwort Baumaterialien bietet das Holländische eine viel kürzere und vollständig deutsche Bildung in bouwstoffen, hochdeutsch Baustoffe, dar; ferner für Cement metselkalk, hochdeutsch Metzkalk, welches in Steinmetz eine Anlehnung findet.

B. Oberbau.

Die Leipziger Mundart hat von Treppe weitergebildet eintreppig, zweitreppig, dreitreppig, und benutzt diese Neubildungen in dem Sinne in der ersten, zweiten, dritten Etage wohnhaft oder zur ersten, zweiten, dritten Etage gehörig. So sind die Eintreppigen die in der ersten Etage wohnenden Mieter; die zweitreppige Köchin steht in der zweiten Etage in Dienst. Es sind das entschieden gute mundartliche Neubildungen, welche sich eignen, den Gebrauch von Etage einzuschränken.

Sollte Herd nicht ausreichend zur Verdrängung von Kamin sein, so wäre dafür die hochdeutsche Umgestaltung des holländischen haardstede: Herdstätte passend.

C. Wasserbau.

Der holländische Ausdruck regenbak, hochdeutsch Regenbach, für Cisterne ist insofern glücklich gewählt, als die Cisternen

im wesentlichen durch Regenwasser gespeist werden. Unser Wasser-
grube ist aber wohl dafür zu allgemein.

Für Kanal in allgemeinem Sinne haben wir schon die Verdeutschungen Wassergang, Wassergraben und Kunstfluss. Für den
Kanal, der zur Ableitung des Wassers von den Mühlrädern dient,
hat Hebel das passende Wort Leerlauf; das ist also der Lauf,
durch welchen sich das Wasser entleert. — Für Schlammkanal hat
das Holländische moddergoot, hochdeutsch Modergosse. Moder
hat ursprünglich weitere Bedeutung und auch die von Sumpf.

Für drainieren sagt Hebel rause, welches sich als rausen
oder auch in Anlehnung an die Reuse als reusen ins Schriftdeutsche herübernehmen ließe Im Mittelhochdeutschen bedeutet riusen
strecken, dehnen. Das schon gebräuchliche entwässern hat aber
eine allgemeinere Bedeutung.

9. Handel und Wandel.

Recht breit machen sich noch die Fremdwörter im kaufmännischen
Leben, und allerdings ist das Bedürfnis vorhanden, für gewisse
kaufmännische Verhältnisse und Vorgänge nur für diese geltende
Bezeichnungen zu haben. In keinem anderen Zweige ist aber eine
Entlehnung von den sprach= und stammverwandten Holländern so
berechtigt als in diesem; sind jene doch eines der hervorragendsten
Handelsvölker.

Für Compagnie ist das schöne und auch im Holländischen
vorhandene Wort Genossenschaft schon im Aufkommen, während
Teilhaber, Mitgenosse, Mitinhaber keinen vollen Ersatz für Compagnon zu bieten scheinen, Geschäftsteilhaber wohl aber zu schwerfällig ist. Glücklicher könnte vielleicht das holländische deelgenoot,
hochdeutsch Teilgenosse, sein, da es sich wie Mitgenosse an Genossenschaft anlehnt, außerdem aber wie Teilhaber den Begriff,
daß ein Compagniegeschäft in bestimmte Teile geht, enthält.

Ebenso ließe sich für das schwerfällige Kommissionär das
holländische zaakbesorger als Sachbesorger aufnehmen, welches
entschieden das auch in Vorschlag gebrachte Geschäftsvermittler
durch Kürze übertrifft.

Bank ist ein uraltes und gutes deutsches Wort; umso häßlicher
klingen die davon abstammenden Zwitterwörter Bankier, Bankerott, bankerottieren und Bankerottmacher. Für Bankier

haben wir bereits zwei gute deutsche Bildungen, welche hier nur gelegentlich ins Gedächtnis gerufen werden sollen: Bankherr für den Besitzer eines Bankgeschäfts und Bankhalter für den in einem solchen Angestellten; letzteres Wort hat auch das Holländische als bankhouder, außerdem aber noch bankbreuk, bankbreken, bankbreker für Bankerott,[1]) bankerottieren und Bankerottmacher. Jene würden auch in der hochdeutschen Gestalt Bankbruch, was schon von Campe in seinem Verdeutschungswörterbuch vorgeschlagen wurde, bankbrechen und Bankbrecher sofort lebensfähig sein.

Für Aktie ließe sich zuweilen an Stelle von Anteilschein und Anteilzettel das kürzere Wort Anteil, wie im Holländischen andeel, gebrauchen.

Während wir in umlaufen für cirkulieren einen genügenden Ersatz haben, dürfte jenes doch nicht zugleich für kursieren ausreichen. Hierfür bietet das Holländische das leicht verständliche Wort rondloopen, hochdeutsch rundlaufen.

In der Umgangssprache sagt man für den Abschluß eines Geschäftes, besonders eines Kaufes, Pachtes oder Mietvertrages häufig perfekt machen. Hierfür bietet Reuters tau Schick kriegen[2]) einen guten Ersatz, hochdeutsch zu Schick kriegen oder besser zu Schick bringen. Übrigens kommt der schic auch mittelhochdeutsch für Art und Weise, Ort, Platz vor, sodaß die Redensart eigentlich bedeutet, etwas an den richtigen Platz bekommen oder bringen.

Für Profit geben gebraucht die Leipziger Mundart das alte batten, mittelhochdeutsch baten = nützen, für profitieren die Meißner gutmachen, so: bei diesem Unternehmen macht er viel gut.

10. Das Verkehrswesen.

Neben Station ist im Bahnbetrieb schon die etwas schwerfällige Zusammensetzung Anhaltepunkt gebräuchlich. Jedoch bezeichnet man damit einen Ort, wo nur ganz kurze Zeit gehalten wird, ähnlich wie mit dem anderen deutschen Wort Haltestelle, während das Fremdwort für jeden Ort, an dem der Zug hält,

---

1) Das mittelhoch= und oberdeutsche Gant empfehlen wir nicht, da es fremder Abstammung ist.

2) Schurr Murr 1. Anwerraschung: Wi krigen dat mit de Gir=Aff endlich doch tau Schick.

verwandt wird. Hierfür gebraucht nun Reuter Anholt,[1]) hoch=
deutsch Anhalt, welches Wort geeignet ist, Station zu ersetzen.

Was das Seewesen betrifft, so bietet das Holländische für
lavieren einen guten Ersatz in boegkruisen, hochdeutsch bugkreuzen, welches sich an bugsieren anlehnt.

Soweit als direkt vom Verkehr gebraucht wird und dafür
gerade zu allgemein ist, könnte es durch die holländische Bildung
regtstreeksch, hochdeutsch rechtstreckig, gegeben werden.

11. Die Landwirtschaft.

Zur Verdrängung des schwerfälligen Fremdwortes Ökonomie
verdient neben den hochdeutschen Ausdrücken Landwirtschaft und
Ackerbau auch Reuters Ackerei[2]) Beachtung.

Schon im Mittelhochdeutschen kam neben kappûn die deutsch
zurecht gemachte Form kaphan, das ist also der gekappte oder
verschnittene Hahn, auf. In der Meißner und Leipziger
Mundart ist noch jetzt Kapphahn für Kapaun vorhanden und
erscheint auch für das Schriftdeutsche geeignet.

12. Hausgerät und Kleidungsstücke.

Für Schatulle wird im Holländischen geldkistje gesagt,
während bei uns Geldkistchen noch nicht üblich ist.

Der Perpendikel heißt im Erzgebirgischen der Säch-
schlenkr, das ist Seiherschlenker von Seiher = Uhr, im Hollän=
dischen slinger. Im Mittelhochdeutschen heißt diu slenker: die
Schleuder. Da nun schlenkern für hin und her bewegen im
Schriftdeutschen allgemein üblich ist, so entspricht die einfache Bildung
Schlenker der Thätigkeit des Perpendikels trefflich und ist auch
für die Schriftsprache zu empfehlen, besonders weil sie nur halb so
lang wie das Fremdwort ist.

Präsentierteller ist ein langatmiges Zwitterwort und daher
in den Mundarten wenig beliebt. Sehr bezeichnend sagt man im
Erzgebirgischen dafür Hrekschöl, das ist Hinreichschale,
und im Vogtländischen Hinrechbrot, das ist Hinreichbrott.
Beide Bildungen sind kürzer als das Fremdwort und sehr ver=

---

1) III Belligen 39.
2) II Läuschen 2, 2: hei drew de Ackeri.

ſtändlich. Beachtenswert iſt auch das holländiſche schenkblad, hochdeutſch Schenkbl̓att.

Auch das holländiſche tafellinnen für Serviette ſcheint verwendbar zu ſein.

Für l'antoffel ſagt man in der Meißner, Leipziger und Basler Mundart Schlappschuh, ähnlich in der heſſiſchen, Pfälzer, Jülicher, Elſäſſer und bayeriſchen Schlappen oder Schluppen, in der Ravensberger Schloppen. Schlappschuh bezeichnet entſchieden treffend die Eigentümlichkeit dieſer Schuhart, welche darin beſteht, nicht feſt anzuliegen wie die gewöhnlichen Schuhe, ſondern locker und demnach zu „ſchlappen".

13. Körperpflege.

Für Barbier wendet unſere Schriftſprache ſelten das ſchon mittelhochdeutſch vorhandene Bartſcherer an; allgemein üblich dagegen iſt baardscheerder noch im Holländiſchen.

Für Barbierstube ſagt der Holländer scheerwinkel. Da nun winkel Laden bedeutet, ſo wäre Scherladen oder Scher-stube in Anlehnung an Bartscherer eine paſſende Übertragung in das Hochdeutſche.

14. Eſſen und Trinken betreffende Wörter.

Sehr verbreitet iſt das Fremdwort Appetit mit ſeinen Ab= leitungen appetitlich, Appetitlichkeit, Appetitsbiſſen. Mit unſerm deutſchen Worte Hunger deckt es ſich keineswegs; denn es bezeichnet das Verlangen zu eſſen in viel geringerem Grade als dieſes und meiſt auch das nach einer beſtimmten Speiſe. Durch letzteres unterſcheidet es ſich auch von Esslust, das ihm ja teilweiſe entſpricht. Hier bieten die Mundarten viel Erſatz. So gebraucht Reuter ganz in dem Sinne von Appetit das nieder= deutſche Giwwel,[1]) deſſen hochdeutſche Form Giewel ſein würde; denn es iſt jedenfalls von dem mittelhochdeutſchen giwen den Mund aufreiſſen abgeleitet, ſodaß es eigentlich den Zuſtand bezeichnet, in dem man aus Verlangen nach einer beſtimmten Speiſe bereits den Mund öffnet, wie es beſonders Kinder thun. — Ganz ähnlich gebraucht man in der Weſt= und Oſtmeißner, ſowie in der

---

1) I Läuſchen 48. Doch durt dat lang', ihr hei wat ſüßt, — Worup hei rechten Appetit — Un ſo'n rechten Giwwel habb.

Leipziger Mundart für Appetit auf etwas haben: nach etwas läppern. In der Posener heißt dieses Wort labbern. Es ist offenbar eine Weiterbildung von dem mittelhochdeutschen laffen, das schlürfen, lecken bedeutet und die mitteldeutsche Nebenform lappen hat. Dies ist aber mit lefs die Lippe verwandt, sodaß nach etwas läppern eigentlich vor Verlangen nach etwas die Lippen bewegen bedeutet, was ja auch besonders kleine Kinder thun. Daher kommt es auch), daß läppern außerdem noch langsam trinken bedeutet und zwar nicht bloß in der Meißner und Leipziger Mundart, sondern auch in der erzgebirgischen, Thüringer, Pfälzer und Elsässer, sowie daß löbbern und lübbern in der ost- und westpreußischen den Sinn von nippen, und verlappen bei den Siebenbürger Sachsen den von vernaschen hat. Die weite Verbreitung von läppern läßt erwarten, daß es auch aus der Schriftsprache Appetit haben verdrängen könnte. — Hiervon ist im Meißnischen das Eigenschaftswort läpprig abgeleitet, und zwar bedeutet: Es ist mir läpprig soviel wie: Ich habe Appetit ohne wirklichen Hunger. Auch diese Bildung ist aufnahmefähig.

Treffend ist für Appetitsbissen der von Reuter gebrauchte niederdeutsche Ausdruck Lickup,[1]) hochdeutsch Leckauf; denn unter Appetitsbissen versteht man einen kleinen Bissen, der nur den Appetit reizt, nicht aber den Hunger stillt, den man gewissermaßen sogleich auflecken kann.

Wer sich daran erinnert, daß nüchtern sein eigentlich und zwar schon mittelhochdeutsch noch nicht gegessen haben bedeutet, der wird kein Bedenken tragen, an Stelle von sich restaurieren das von Reuter dafür gebrauchte niederdeutsche sich vernüchtern[2]) anzunehmen.

Für ponieren in dem Sinne von zechfrei halten sagt man in der Leipziger und hallischen Mundart jemanden setzen oder jemandem einen Satz geben. Hier hat setzen eine ganz ähnliche Bedeutung wie im Mittelhochdeutschen, wo eine setzen bedeutet: eine Braut bei der Verheiratung aussteuern; daher verdient jemanden setzen für ponieren auch Aufnahme in die Schriftsprache.

---

1) I Läuschen 48. Dat is en Lickup man för mi. — 2) II Läuschen 48: as hei sick vernüchtert hett.

Für Zuckerfigur hat die schlesische Mundart Zuckerding, indem sie damit einen aus Zucker gegossenen Mann, ein Pferd und dergleichen bezeichnet. Der Begriff ist also davon enger als der von Zuckergebäck oder Zuckerwerk, da diese Wörter auch von Zuckergegenständen gebraucht werden, die keine bestimmte Gestalt haben, und so würde auch die Schriftsprache durch dieses Wort eine Bereicherung erfahren.

Für Konfekt wird im West- und Ostmeißnischen allgemein Zuckerzeug, welches schon Dunger in seinem Wörterbuch von Verdeutschungen vorschlägt, gebraucht und zwar in weiterem Sinne als das im Schlesischen übliche Zuckerding und als Zuckergebäck, da es jeden aus Zucker gefertigten Gegenstand bezeichnet, mag er nun eine bestimmte Gestalt haben oder nicht und gegossen oder gebacken sein.

15. Vergnügungen und Spiele.

Sich vergnügen, vergnügt sein und sich belustigen haben das so oft gebrauchte Fremdwort sich amüsieren nicht verdrängen können, da sie nicht genau den Sinn desselben wiedergeben; sie haben beide eine edlere Bedeutung als dasselbe. Besser trifft den Sinn des Fremdwortes das von Hebel gebrauchte allemannische vertörle, hochdeutsch vertörlen, welches von dem mittelhochdeutschen vertören abgeleitet ist, das sich gänzlich vernarren bedeutet. — Ganz ähnlich verwendet Reuter das niederdeutsche sich hägen über[1]), welches auf einen alten deutschen Stamm zurückgeht, den wir noch in behagen, behaglich haben. Mittelhochdeutsch bedeutet das männliche Hauptwort hage Freude. Wir geben sich hägen den Vorzug vor vertörlen, da dieses leicht die Vorstellung des Thörichten hervorruft.

Ferner gebraucht Reuter für fidel häglich[2]), welches dem mittelhochdeutschen hagelich entspricht, das angenehm bedeutet.

Für die französischen Wörter Rondelle oder Rosette, wodurch ein rundes Beet in Anlagen oder Gärten bezeichnet wird, sagt man in der West- und Ostmeißner, sowie in der Leipziger Mundart Rundeel oder Rundteil, ferner im Niederdeutschen Rundeel und im Holländischen rondeel. Es ist dieses jedenfalls

---

1) II Läuschen 23: un haegt sick aewer sinen Spaß. — 2) II Läuschen 2: fidel un haeglich was e'.

eine Zurechtmachung aus dem französischen Worte, wobei aber wohl noch das alte mittelhochdeutsche Wort rundel für Kreis nachgeklungen hat, und so wäre es wohl das beste, dieses als Rundel in die Schriftsprache wieder aufzunehmen. Das Lehnwort rund selbst wird längst nicht mehr als solches empfunden.

Für eine beim Kartenspiel fehlende Farbe wendet man häufig das Fremdwort Renonce an; in der Leipziger Mundart ist dafür die Fehle üblich. Es ist dieses das mittelhochdeutsche weibliche Hauptwort vaele, welches das Fehlen, der Fehl bedeutet. Wiewohl es ein Lehnwort ist und auf das französische faillir zurückgeht, empfiehlt es sich doch seines Alters wegen für die Aufnahme in die Schriftsprache.

Für das beim Billardspiel gebrauchte Fremdwort karambolieren eignet sich gut das Leipziger nözeln, welches die Kinder vom Zusammenstoßen zweier Thonkugeln sagen. Wahrscheinlich haben wir in diesem Worte eine Weiterbildung des mittelhochdeutschen nôsen = stören vor uns; denn zwei Kugeln, die zusammenstoßen, stören sich gegenseitig in ihrem Laufe.

Das Karussell nennt man in der West- und Ostmeißner, sowie der erzgebirgischen Mundart allgemein Reitschule, welche Bezeichnung sich auch leicht im Schriftdeutschen einbürgern dürfte.

16. Zeiteinteilung.

Ein sehr passendes Wort bietet uns das Holländische für Almanach und Kalender in tijdwijzer, das ist Zeitweiser, welches in den Bildungen Zeitung, Zeitschrift Stützen findet.

Für die Monate sind in den Mundarten teilweise noch die alten deutschen Namen üblich, so in der Meißner, Leipziger, hallischen und Thüringer für Januar Horn, während für Februar Hornung sogar noch schriftdeutsch ist; ferner findet sich im Holländischen für März lentemaand, das ist Lenzmonat, für April grasmaand, das ist Grasmonat und für Mai bloeimaand, das ist Blütenmonat; für diesen Monat hat auch die hochdeutsche Schriftsprache wenigstens in dichterischem Gebrauche Wonnemonat, doch ist der holländische Ausdruck bezeichnender und für das Alltagsleben geeigneter. Ferner finden sich noch für August im Meißnischen Erntemonat, im Holländischen oogstmaand, für September im Holländischen herfstmaand, das ist

Herbstmonat, für Oktober im Ostmeißnischen Weinmonat, im Holländischen wijnmaand, für November im Holländischen slagtmaand, das ist Schlachtmonat, weil in diesem Monat in vielen Häusern ein Schwein geschlachtet wird, und für Dezember im Meißnischen Wintermonat, im Holländischen wintermaand. Auch diese Namen, die zum Teil auf Karl den Großen zurückgehen, dürften sich bald wieder in die Schriftsprache einbürgern.

Während Halbabendbrot für Vesperbrot schon schriftdeutsch ist, ist es noch nicht Halbabend für Vesperzeit; die West= und Ost=meißner, sowie die Leipziger und vogtländische Mundart haben es in der Gestalt von Halwamd, und es würde auch im Schriftdeutschen auf keine Schwierigkeiten stoßen.

17. Menschliche Eigenschaften.

A. Äußere Eigenschaften.

Korpulent und Korpulenz halten sich deshalb neben dick-leibig und Dickleibigkeit, weil sie diese Körperbeschaffenheit etwas verblümt und beschönigend bezeichnen. Ganz in demselben Sinne gebraucht Reuter die niederdeutschen Wörter vüllig[1]) und Vülligkeit.[2]) Da die Schriftsprache schon Fülle und füllen besitzt, so ist es wohl das beste, diese Wörter in der Gestalt von füllig und Fülligkeit herüberzunehmen. Allerdings ist vollecheit schon im Mittelhochdeutschen doch in der Bedeutung Fülle vorhanden. Außerdem bietet Völlerei noch eine Anlehnung.

Neben dem schriftdeutschen Landstreicher ist auch das von Reuter gebrauchte Horumtreiber[3]) eine gute Verdeutschung von Vagabund, welche sich an das für vagabundieren schon schrift-deutsch gebrauchte sich herumtreiben anschließt. — Vielleicht sind aber Strolch und strolchen, welche schon zuweilen für Vaga-bund und vagabundieren in der Schriftsprache angewandt werden, vorzuziehen.

Für reduziertes Subjekt in dem Sinne von herunter-gekommener Mensch sagt man in der Westmeißner und

---

1) III Belligen 6: wil hei 'n beten vüllig was. — 2) ebenda 46
3) II Läuschen 22.

Leipziger Mundart verwimmerter Kerl. Schon im Mittelhochdeutschen findet sich verwimmern in der Bedeutung verwachsen
von Bäumen. In anschaulicher Weise haben die Mundarten dieses
Wort von den Bäumen auf die Menschen übertragen, und es
würde auch die Schriftsprache bereichern, da es mehr als herunter-
gekommen das äußere Aussehen bezeichnet.

Für manierlich und unmanierlich eignen sich die
schweizerischen Bildungen gattlich und ungattlich. Diese
sind von demselben Stamme abgeleitet, der unserem Gatte zu
Grunde liegt. Im Mittelhochdeutschen bedeutet gate noch Genosse,
das Thätigkeitswort gaten zusammenkommen, sodaß gattlich zunächst die Bedeutung hat: in Gesellschaft passend, dann: sich in
Gesellschaft zu benehmen wissend, das ist manierlich. In mittel-
und niederdeutschen Mundarten tritt dasselbe Wort als gätlich für
passend auf.

B. Geistige Eigenschaften oder Zustände.

In Thatkraft hat die Schriftsprache für Energie ein gutes
Wort. Doch ist es für den Gebrauch im gewöhnlichen Leben vielfach zu edel und zu hochtragend. Hier eignet sich trefflich das
mundartlich und jetzt schon in der Umgangssprache verwandte
Schneide, wovon auch schneidig für energisch gebildet ist.

Das von Reuter gebrauchte Nusse[1] für energieloser
Mensch ist gleichfalls zu empfehlen, besonders seiner Kürze wegen.

Für Phlegmatiker eignet sich das schweizerische Schlirpi,[2]
schriftdeutsch Schlürpel, welches nur halb so lang wie das Fremdwort ist. Es ist jedenfalls eine Weiterbildung von dem mittelhochdeutschen männlichen Hauptwort slûr der Faullenzer.

Für Pfiffikus giebt Reuters Pfiffkopp[3] als Pfiffkopf,
wobei man ohne weiteres an einen pfiffigen Kopf denkt, einen guten Ersatz; — desgleichen für das Zwitterwort superklug Reuters nägen-
klauk[4] als neunklug mit dem Sinne neunmal so klug als ein
gewöhnlicher Mensch, welches eine Stütze in Neuntöter findet.

Einen Pedanten nennt man in der Leipziger Mundart
einen alten Bisslich.

1) VI Stromtid I, 2: so 'ne Nuß von en Mann.
2) J. Gotthelf, Erzählungen I. Wie Joggeli eine Frau sucht.
3) II Läuschen 66 -- 4) I Läuschen 1.

In dem Sinne von kurios wendet man in der West- und Ostmeißner, der Leipziger, der Lausitzer, der erzgebirgischen, der Pfälzer und der Wiener Mundart artlich an, in der schlesischen atlich, was jedenfalls dasselbe ist und sich durch Ausfall des r hinter dem a erklärt. Dies Wort ist eine Weiterbildung von Art und wird sich ursprünglich in der Bedeutung mit sonderbar gedeckt haben. Jetzt hat aber dieses, wie auch eigen, eigentümlich und wunderlich einen schärferen beleidigenden Sinn bekommen, während artlich wie kurios durchaus nicht beleidigen, eher beschönigen soll. „Du bist recht eigen, eigentümlich, wunderlich, sonderbar" enthält einen Vorwurf. „Du bist heute recht artlich" will sagen: „Du kommst mir heute anders vor als gewöhnlich."

Für interessiert ist in der West- und Ostmeißner, der Leipziger, Thüringer und Berliner Mundart knietschig üblich. Es bezeichnet einen Menschen, der in rücksichtsloser Weise nur seinen Vorteil im Auge hat, so z. B. bei dem Kartenspiel. Es kommt jedenfalls vom mittelhochdeutschen knitschen, welches quetschen bedeutet.[1]) Zunächst ist also knietschig jemand, der etwas herausquetscht oder preßt, wie z. B. den Saft aus einer Citrone. Man braucht ja oft das Bild: „Er hat mich weggeworfen wie eine ausgepreßte Citrone." Das heißt: „Er hat mich erst rücksichtslos benutzt, dann aber, nachdem er von mir keinen Vorteil mehr erwartete, ebenso rücksichtslos beiseite liegen lassen." In derselben bildlichen Weise ist dann knietschig für denjenigen verwandt worden, der bei einer Sache ohne Rücksicht auf die andern nur seinen Vorteil erzwingen will. — Auf Kleinigkeiten interessiert heißt in der Leipziger Mundart altfressen. Es bedeutet eigentlich vom Alter zerfressen.

Eine malitiöse Person nennt man in der Meißner und Leipziger Mundart eine giftige Kröte, in der Leipziger auch eine Griefe, das ist Griebe.

Sehr häufig gebraucht man in der West- und Ostmeißner, der Leipziger, Thüringer und erzgebirgischen Mundart in dem Sinne von konsterniert das Eigenschaftswort duttch oder wenn man feiner sprechen will dottich, ferner finden sich noch die Nebenformen dodden, doddent, dottch, dutten und duttent. Von

---

1) Vergl. Abschn. 5, 10.

demselben Stamme ist jedenfalls das im Ost= und Westpreußischen vorhandene bedutt, welches auch ganz ähnliche Bedeutung hat, nämlich vom Schreck betäubt, sowie das im Dithmarschischen gebräuchliche dutti. Letztere einer niederdeutschen Mundart ange=hörige Form läßt auch erkennen, daß der in mitteldeutschen Mund=arten vorhandene Stamm dut oder dot auf niederdeutscher Laut=stufe steht. Die hochdeutsche Form davon müßte nach den Gesetzen der hochdeutschen Lautverschiebung tutz lauten; und in der That findet sich dieser Stamm im Mittelhochdeutschen in tützen = zum Schweigen bringen und in tüzen = sich still verhalten, ferner in vertuzzen mit der mittel= und niederdeutschen Nebenform ver=dutten, welches betäubt werden, vor Schreck verstummen, ausser Fassung kommen bedeutet, also ganz in der Bedeutung zu duttch paßt. Offenbar ist letzteres mit der Bildungssilbe ig von dutten abgeleitet, hat also duttig gelautet. Von vertuzzen hingegen ist im Mittelhochdeutschen das Mittelwort vertust und verdust ge=bildet, welches in der Gestalt von verdutzt von Goethe gebraucht wird, also schriftdeutsch ist. An diesem Worte findet augenscheinlich duttig eine gute Anlehnung, deckt sich aber keineswegs vollkommen mit ihm in der Bedeutung, ebenso auch nicht mit verblüfft. Denn der durch jene beiden Wörter bezeichnete geistige Zustand wird durch Schrecken oder Verwunderung hervorgerufen. Doch duttig be=zeichnet einen vorübergehenden Zustand, der infolge von großer Hitze, oder großer geistiger Anstrengung oder auch einer Leidenschaft besonders der Liebe eintritt und Ähnlichkeit mit der Dummheit hat, die aber eine dauernde, auf der ganzen geistigen Beschaffenheit beruhende Eigenschaft ist. Da nun verdutzt schon schriftdeutsch ist, so empfiehlt sich für das besprochene Eigenschaftswort die Form dutzig.

Um auszudrücken, daß wir über etwas, etwa eine Nachricht, so gewaltig erstaunt sind, daß wir unfähig sind, etwas dazu zu sagen, bedienen wir uns meist des Fremdwortes perplex. Die Meißner Mundart wendet in diesem Sinne paff an, besonders in der Redensart: „Ich bin ganz paff", welche bereits in das neuere Lustspiel Eingang gefunden hat. Die Schriftsprache kennt paff nur als Empfindungswort. Dies ist nun zunächst als Aus=druck für die Empfindung des Staunens von der Mundart benutzt und dann auf die Art und Weise desselben übertragen worden.

18. Eigenschaften von Dingen.

Eine Arbeit, zu der große Accuratesse gehört, nennt man in der Meißner und Leipziger Mundart kniffelig, welches Wort wahrscheinlich von Kniff kommt.

In dem Sinne von praktikabel wird von Reuter wie im Mittelhochdeutschen bewandt[1]) gebraucht, und daher ist es wohl auch fähig, in der Schriftsprache an die Stelle des Fremdwortes zu treten.

Für massiv hat sich das Holländische das alte hecht be= wahrt, dessen ch aus f infolge des niederdeutschen Überganges von ft in cht entstanden ist. Mittelhochdeutsch heißt dieses Wort haft und bedeutet gefesselt, verbunden. Wir haben es noch in ernst- haft, gewissenhaft und dergl. Eine Weiterbildung davon ist das althochdeutsche haftac, welches mittelhochdeutsch haftec lautet, uns aber nur in Zusammensetzungen wie teilhaftig erhalten ist. In Anlehnung an haften an etwas dürfte auch bei uns das einfache haftig für das, was fest zusammenhaftet, das ist: massiv ist, wieder lebensfähig werden.

Für solid in Verbindungen wie solid gebaut, gearbeitet gebraucht man in der Schweiz währschaft.[2]) Das Wort kommt von dem mittelhochdeutschen wern, neuhochdeutsch währen. Im Mittelhochdeutschen ist ein weibliches Hauptwort wërschaft in der Bedeutung Gewährleistung vorhanden.

Für meliert sagt man in der Meißner, Leipziger, Thü= ringer und erzgebirgischen Mundart schipprig oder ge- schippert.

19. Allgemein gesellschaftlicher Verkehr.

A. Angenehmes oder Freundliches.

Für Reverenz und Respekt haben wir in Ehrerbietung ein treffliches Wort, jedoch kein dazu gehöriges Thätigkeitswort, sondern helfen uns entweder mit der schwerfälligen Umschreibung Ehrerbiet-

---

1) II Kein Hüsung: De Sack wir bewandt för dat Volk.

2) J. Gotthelf, Erzählungen I. Wie Christen eine Frau gewinnt: die Wirtin wäre aus der Haut gefahren; die aber war währschaft.

ung erweisen, ober mit dem Fremdworte respektieren. Dafür hat nun das Holländische von eerbied, welches unserem Worte Ehrerbietung entspricht, eerbiedigen abgeleitet; und auch bei uns dürfte ehrerbieten lebensfähig sein, zumal es nicht länger und nicht schwerfälliger als das Fremdwort ist.

Für den Galanten spielen in dem Sinne von den Hof machen ober die Kur schneiden sagt man in der West- und Ostmeißner, sowie in der Leipziger Mundart: den Schwerenöter machen ober spielen, meist mit dem Zusatze angenehmen. In etwas anderer Bedeutung findet sich Schwerenöter auch in anderen Mundarten, so bei Reuter für guter Gesellschafter, in der Pfälzer Mundart aber als Schimpfwort.

An Stelle der häufigen Redensart Komplimente machen hat das Schweizerische sich eigelich mache. Hier hat eigentlich noch seine alte Bedeutung leibeigen wie im Mittelhochdeutschen, sobaß die Redensart sich eigentlich machen heißt: sich zum Leibeignen machen, sich jemandem gegenüber wie sein Leibeigner benehmen.

Allgemein üblich ist das Fremdwort poussieren, vom französischen pousser herrührend. Reuter gebraucht hierfür das niederdeutsche sich straken,[1]) welches wohl mit dem mittelhochdeutschen stracken = sich ausdehnen zusammenhängt, was eigentümlicherweise pousser auch bedeuten kann, und mit dem noch jetzt gebräuchlichen stracks. Es erscheint durchaus besonders seiner Kürze wegen zur Verdrängung des Fremdwortes geeignet.

Für Fensterpromenade machen läßt sich das schweizerische fensterln ober fenstern verwenden. Fenster ist ein so uraltes Lehnwort, daß eine mundartliche Weiterbildung davon in die Schriftsprache aufgenommen werden kann.

Unser schon im Mittelhochdeutschen vorhandenes Wort Belang verwendet der Holländer auch für die von uns so vielfach gebrauchten Fremdwörter Interesse und interessieren.

Für das so oft angewandte Kollekte empfiehlt sich die holländische Bildung geldzameling, hochdeutsch Geldsammlung, welches Wort bereits Dunger in seinem Wörterbuch für Verdeutschungen in Vorschlag gebracht hat.

---

1) III Te Reis' nah Belligen 3: Den Gastwirth sin Resin, — De sid nu mit den Schriwer stralt.

Für das jetzt sich so breit machende Fremdwort arrangieren hat Reuter ein treffliches niederdeutsches Wort in reihen,[1]) welches auf das althochdeutsche und angelsächsische rîhan zurückgeht und eigentlich in eine Reihe bringen bedeutet.

Das alte mittelhochdeutsche weibliche Hauptwort diute = Deutung, Erklärung ist in der Leipziger Mundart noch in der Bedeutung Directive lebendig besonders in der Redensart: einem eine Deute geben. Die Aufnahme dieses Wortes in die Schriftsprache ist um so unbedenklicher, da deuten, bedeuten, deutlich, Deutung und Bedeutung sehr häufig in ihr gebraucht werden.

In der West= und Ostmeißner sowie der Leipziger Mundart und auch schon in der Umgangssprache ist ein weibliches Hauptwort die Ziehe vorhanden, so in: ein Kind in die Ziehe geben oder thun. Es ist allerdings nicht so vornehm als das Fremdwort Pension und bezieht sich meist nur auf ganz kleine Kinder; da es aber eines Stammes ist mit den alten deutschen Wörtern erziehen und Zucht, welche das junge Menschenkind mit einer Pflanze vergleichen, die in die Höhe gezogen werden soll, so dürfte es wohl Aussicht haben, das wenig sagende Fremdwort zu verdrängen.

B. Unangenehmes oder Feindliches.

Das Fremdwort Bagatelle deckt sich nicht mit dem deutschen Worte Kleinigkeit, da es den Nebenbegriff des Verächtlichen hat, der dem Worte Kleinigkeit fehlt. Lumperei ist aber wieder dafür zu stark, weil es an Lump erinnert. Ganz in dem Sinne von Bagatelle gebraucht die Leipziger Mundart das Garnischt; schriftdeutsch würde dieses das Garnichts lauten.

Für schwadronieren und Schwadronär findet sich im Schwäbischen schwatern und Schwaterer, aus welchen jedenfalls erstere durch den Einfluß von Schwadron entstellt worden sind; denn swateren ist schon im Mittelhochdeutschen vorhanden und heißt rauschen, woraus sich leicht die Bedeutung von schwadronieren ergeben konnte, während mittelhochdeutsches swaderer Schwätzer bedeutet. Entschieden ratsam ist es, die fremdartigen und falschen Bildungen aus der Schriftsprache wieder zu entfernen und die alten richtigen deutschen aufzunehmen.

---

1) I Läuschen 43. De Sak bei ward sik reih'n.

Für renommieren sagt man in der West- und Ostmeißner sowie der Leipziger Mundart Sums machen. Der Sums ist eine Weiterbildung von summen und heißt zunächst der Lärm, dann die renommistische Schwätzerei. Es ist jedenfalls ein gutes kurzes Wort und brauchbar für die Schriftsprache.

Unser jammern und wehklagen deckt sich nicht mit dem Fremdworte lamentieren; letzteres ist kleinlicher und verächtlicher. Besser thut dieses schon das in der Schriftsprache sehr seltene, aber in der West- und Ostmeißner sowie der Leipziger Mundart sehr häufige barmen, vom mittelhochdeutschen barmen = das Mitleid erregen, noch besser aber die in den erwähnten Mundarten vorhandene Weiterbildung davon mit der Verkleinerungssilbe el: bärmeln.

Das Fremdwort räsonnieren hat einen schwächern Sinn als schelten, es bedeutet: bei ganz geringfügiger Veranlassung schelten. Diese Bedeutung hat auch das in der Leipziger Mundart dafür übliche massern. Es ist wohl eine Weiterbildung von dem mittelhochdeutschen mezzen = messen, welches aber auch in der Verbindung einem scheltwort mezzen für schelten[1]) vorkommt. Es ist jedoch auch möglich, daß es aus massregeln zusammengezogen ist. Jedenfalls lehnt es sich gut an dieses an.

In der ostfriesischen und anderen niederdeutschen Mundarten vereinigt brüen oder brüden die beiden Bedeutungen necken und plagen in sich, entspricht also unserem Fremdworte vexieren, so auch bei Reuter.[2]) Im Holländischen hat bruijen eine ganz ähnliche Bedeutung, nämlich die von peinigen. Wahrscheinlich hängt es mit dem mittelhochdeutschen briuwen = brauen zusammen, welches aber auch anstiften bedeutet. Da dies jedoch nicht sicher, die Form brüden aber durch Reuter schon bekannt ist, so wäre sie wohl auch für die Schriftsprache zu wählen.

Sich nicht genieren gebrauchen wir deshalb so häufig, weil sich nicht schämen, keine Scham oder kein Schamgefühl besitzen, schamlos sein viel mehr, sich ungezwungen benehmen dagegen viel weniger sagt. Das Fremdwort enthält nicht den harten Tadel, der in den mit Scham zusammengesetzten Wörtern liegt, sondern einen leichten Vorwurf hinsichtlich des Benehmens in der Gesellschaft. Ganz in diesem Sinne gebraucht die Leipziger Mund-

---

1) Serv. 777.

2) Schurr Murr 1. Äwerraschung: De Herr Rathsherr würd den nu en beten stark mit sinen Gir-Apen brübt.

art, wie schon S. 19 gesagt wurde: keine Schäme haben, die
Meißner keine Schämichte haben. Im Mittelhochdeutschen ist
neben scham die umgelautete Form schëme gebräuchlich. Die
Leipziger Mundart hat diese zur Bezeichnung eines geringeren
Grades des Begriffes Scham festgehalten, und sie ist auch für das
Schriftdeutsche recht empfehlenswert.

Das Fremdwort ruinieren wird von Sachen wie von Büchern
und Kleidungsstücken sehr häufig gesagt. Ganz in derselben Be=
deutung findet sich in der West= und Ostmeißner, der Leipziger,
der hallischen und ostfränkischen Mundart zerlästern. Dieses
Wort kommt von dem mittelhochdeutschen lastern oder lestern, welches
beschimpfen bedeutet. Die Mundarten haben die Bildung mit zer
auf Sachen übertragen in der Bedeutung: in einen schimpflichen,
schlechten Zustand versetzen. Da die Schriftsprache das einfache
lästern, wenn auch in beschränkterer Weise als das Mittelhochdeutsche
verwendet, so dürfte zerlästern leicht allgemein verständlich werden
und das längere Fremdwort verdrängen können.

Für die trotz unseres Wortes Lärm so vielfach gebrauchten
Fremdwörter Spektakel und Rumoren wäre Reuters Ge=
rummel[1]) in der Gestalt von Gerümmel zu verwenden, welche
Form das Mittelhochdeutsche neben gerummel schon von rummeln
gebildet hatte. In derselben Bedeutung hat das Holländische
gerommel.

Lärm, der von Menschen, besonders von Kindern hervor=
gebracht wird, bezeichnet man vielfach mit dem Fremdworte Spek=
takel, noch häufiger aber mit Skandal. Macht doch keinen
Spektakel! — Macht nicht solchen Skandal! wird oft geboten.
Hierfür haben nun mehrere mitteldeutsche Mundarten, so die West=
und Ostmeißner, die Leipziger, die Altenburger, die Thü=
ringer, die erzgebirgische, die vogtländische, die Lausitzer
und die schlesische, ein sehr bezeichnendes und nur in dieser be=
schränkten Bedeutung gebrauchtes deutsches Wort: der Deebs oder
Teebs. Es ist eine Ableitung von toben und müßte schriftdeutsch
zu Töbs werden. Schon im Mittelhochdeutschen ist das Eigenschafts=
wort tobisch für heftig vorhanden. Töbs bezeichnet zunächst den
durch einen tobenden Menschen verursachten Lärm und deckt sich so
gut mit Skandal. — Von dem Hauptworte ist dann das Thätig=

1) III. Belligen 16.

leitswort teebsen ober deebsen abgeleitet, welches in der Gestalt von töbsen die Frembwörter spektakeln unb skandalieren, welche beibe länger als basselbe sinb, ersetzen könnte.

Nach der Reihenfolge der Buchstaben geordnetes Verzeichnis der zu beseitigenden Frembwörter.

Die neben ben Wörtern stehenben Zahlen bezeichnen die Gruppen, unter benen jene in biesem Abschnitte besprochen worben sinb.

Accuratesse = kniffelig für mit Accuratesse 18;

ad absurdum führen = auf den Pfropf setzen 7 A;

Aktie = Anteil 9;

Akustik = Hörlehre 5 D;

Algebra = Stellkunst, algebraisch = stellkunstig (?) 5 C;

Allegorie = Bildrede 7 A;

Almanach = Zeitweiser 16;

amüsieren = hägen 15;

Anarchie = Wahnordnung 1 A;

Anekdote = Läuschen 7 A;

Apotheke = Arzeneiladen 5 G;

Apotheker = Arzeneimenger 5 G;

Appetit = Giewel, Appetit haben = läppern ober läpprig sein 14;

Appetitsbissen = Leckauf 14;

April = Grasmonat 16;

Architekt = Baukundiger 8 A;

Architektur = Baukunde 8 A;

arrangieren = reihen 19 A;

arretieren = einwickeln unb einspinnen 1 B;

August = Erntemonat 16;

Bagatelle = Garnichts, das 19 B;

Bankerott = Bankbruch 9;

bankerottieren = bankbrechen 9;

Bankerottmacher = Bankbrecher 9;

Bankier = Bankhalter 9;

Barbier = Bartscherer 13;

Barbierstube = Scherstube 13;

Baumaterialien = Baustoffe 8 A;

Cement = Metzkalk 8 A;

Chemie = Scheidekunde 5 D;

Chemiker = Scheidekundiger 5 D;

chemisch = scheidekundig 5 D;

Cisterne = Regenbach 8 C;

Compagnon = Teilgenosse 9;

datieren = tagzeichnen 1 B;

Datum = Tagzeichnung 1 B;

defensiv = verteidigend 3;

Denuntiantenlohn = Bütteldreier unb Klagegröschel 1 B;

Dezember = Wintermonat 16;

dezimal = zehnzählig 5 C;

Diät = Essregel 5 G;

direkt = rechtstreckig 10;

Directive = Deute 19 A;

disputieren = redezwisten 7 A;

dogmatisch = lehrstellig 5 A;

drainieren = rausen ober reusen 8 C;

Energie = Schneide 17 B;

energieloser Mensch = Nussel 19 B;

energisch = schneidig 17 B;

Episode = Beidichtung 7 B;

Etage, in der 1., 2., 3. Etage = ein-, zwei-, dreitreppig 8 B;

Faschinenwerk = Reiswerk 3;

Fensterpromenade machen = fensterln oder fenstern 19 A;

fidel = häglich 15;

Galanten spielen = Schwerenöter machen 19 A;

General = Feldoberst 3;

genieren, sich = Schüme haben 19 B;

Gensdarm = Landreiter, Webel oder Weibel, Feldjäger 1 B;

Januar = Horn 16;

Ideal = Denkbild 5 B;

Idee = Gedachte, die 5 B;

Insulaner = Eiländer 5 E;

interessiert = knietschig 17 B; altfressen 17 B;

Kalender = Zeitweiser 16;

Kamin = Herdstätte 8 B;

Kanal zur Ableitung des Wassers = Leerlauf 8 C;

Kapaun = Kapphahn 11;

Kapitulation = Kürvertrag 1 A;

karambolieren = nözeln 15;

Karussell = Reitschule 15;

Klima = Luftstrich 5 E;

Kollekte = Geldsammlung 19 A;

Komma = Scheidezeichen 6;

Kommissionär = Sachbesorger 9;

Komplimente machen = sich eigentlich machen 19 A;

Konzeptpapier = Entwurfpapier 6;

Konfekt = Zuckerzeug 14;

Konferenz = Zusammensprache 1 A;

Konfirmanden = Betkinder 4;

konfus reden = quatschen 7 A;

konfuses Geschwütz = Quatsch 7 A;

Konkurs = Geldtag 2;

konsterniert = dutzig 17 B;

Kontrolleur = Gegenbuchhalter 1 B;

korpulent = füllig 17 A;

Korpulenz = Fülligkeit 17 A;

kritisch = urteilskundig 6;

Kruzifix = Kreuzbild 4;

kurios = artlich 17 B;

kursieren = rundlaufen 9;

lamentieren = bärmeln 19 B;

lavieren = bugkreuzen 10;

Logarithmus = Kunstzahl 5 C;

Magistratur = Obrigkeitsamt 1 B;

Magnet = Segelstein 5 D;

Mai = Blütenmonat 16;

malitiöse Person = giftige Kröte, Griebe 17 B;

manierlich = gattlich 17 A;

Marschall = Marschalk 3;

März = Lenzmonat 16;

massiv = haftig 18;

Matrikel = Namenliste 1 B;

Metapher = Lehnspruch 7 A;

metaphorisch = lehnsprüchig 7 A;

Monarchie = Einherrschaftei 1 A;

monarchisch = einherrschig 1 A;

Namenregister = Namenliste 1 B;

Nationalitätsgefühl = Volksgeist 1 A;

November = Schlachtmonat 16;

Ökonomie = Ackerei 11;

Oktober = Weinmonat 16;

paginieren = seiten 6;

Pantoffel = Schlappschuh 12;

Patriarchat = Erzvaterschaft 5 F;

Pedant = Bisslich 17 B;

Pension = Ziehe 19 A;   [9;

perfekt machen = zu Schick kriegen

Perpendikel u. Pendel = Schlenker

perplex = paff 17 B;   [12;

Personalien = Umständigkeiten 1 B;

Pfiffikus = Pfiffkopf 17 B;

Phlegmatiker, phlegmatischer Mensch = Schlürpel 17 B;

Plateau = Ebenheit 5 E;

polemisieren = zwisten 6;

polemisch = zwistend 6;

ponieren = setzen 14;

poussieren = sich straken 19 A;

praktikabel = bewandt 18;

Präsentierteller = Hinreichschale, Hinreichbrett, Schenkblatt 12;

Prisma = Kantensäule 5 C;

Professor = Hochlehrer 5 A;

Profit geben = batten; — profitieren = gutmachen 9;

Protokoll = Tagebericht 1 B;

Prozess = Rechtsgediäng 2;

prozessieren = dingen 2;

Quantität = Wievielheit 5 C;

räsonnieren = massern 19 B;

Recensent = Buchbeurteiler 6;

recensieren = buchbeurteilen 6;

renommieren = Sums machen 19 B;

Renonce = Fehle 15;

Repressalien = Widerrache 1 A;

respektieren = ehrerbieten 19 A;

restaurieren, sich = sich vernüchtern 14;

Rhetorik = Redekunde 7 A;

Rhythmus = Klangmass 7 B;

Rondelle = Rundel 15;

ruinieren = zerlüstern 19 B;

Rumoren = Gerümmel 19 B;

Schatulle = Geldkistchen 12;

Schlammkanal = Modergosse 8 C;

Schwadroneur = Schwaterer 19 B;

schwadronieren = schwatern 19 B;

September = Herbstmonat 16;

Serviette = Tafellinnen 12;

Skandal = Töbs 19 B;

skandalieren = töbsen 19 B;

solid = währschaft 18;

Sophist = Trugredner 5 B;

Spektakel = Gerümmel und Töbs 19 B;

spektakeln = töbsen 19 B;

Station = Anhalt 10;

Stipendium = Jahrwette 5 A;

Subjekt, reduciertes = verwimmerter Kerl 17 A;

superklug = neunklug 17 B;

systematisch = stellig 5 A;

Tyrann = Gewaltner 1 A;

Tyrannei = Gewaltnerei 1 A;

unmanierlich = ungattlich 17 A;

Vagabund = Herumtreiber oder Strolch 17 A;

vagabundieren = strolchen 17 A;

Vesperzeit = Halbabend 16;

vexieren = brüden 19 B;

Volksdespotismus = Volkszwang 1 A;

Wahlkapitulation = Kürvertrag 1 A;

Zuckerfigur = Zuckerding 14.

Fünfter Abschnitt.

Mundartliche Wörter, welche sich zur Bereicherung der Schriftsprache eignen.

Es wäre ein leichtes, eine Menge mundartlicher Wörter auf=
zuzählen, welche die Schriftsprache nicht besitzt. Aber nur solche
können dieselbe in der That bereichern, um welche die Mundarten
wirklich reicher sind, das heißt: für welche die Schriftsprache kein
im Begriff sich vollständig deckendes Wort besitzt, sondern
sich durch Umschreibungen oder durch unschöne Wortbildungen helfen
muß. Nur in diesem Falle ist die Hoffnung berechtigt, daß die
in Vorschlag gebrachten Wörter auch wirklich schriftdeutsch werden
können, da sie ja im stande sind, eine in der Schriftsprache vor=
handene Lücke auszufüllen.

Ferner wurde schon im ersten Abschnitte gezeigt, daß die
Grenze zwischen dem mundartlichen und schriftdeutschen Sprachgute
nicht scharf gezogen werden kann. Infolge davon finden sich in
den Abhandlungen über mundartliche Wörter auch derartige mit
aufgeführt, welche volkstümlich zwar, aber doch auch schriftdeutsch
sind und in den Wörterbüchern als solche bezeichnet werden. Es
sind dies z. B. bammeln, bemuttern, Brause, dusel, duselig,
duseln, Einback, einhäkeln, fitscheln, giebsen, grapsen, Gröbs,
grölen, himmeln, Hübel, Hudelei, hudeln, hunzen, Hütsche,
karten, Kaupelei, kaupeln, Klamm, kalmen, klecken, Läpper=
schulden, manschen, Manscher, mummeln oder mumpeln, pim=
pelig, pispern, protzig, Reitel, reiteln, sich rekeln, sich rippeln,
sämig, schlappern, Schlippe, schmaddern, schmusen, schrumpelig,
teig, Tümpel, uzen, verläppern, verkrümpeln, vermarken, ver=
möbeln, verplömpern, zimperlich, zuthulich. Bei manchen täuscht
die mundartliche Form leicht; so findet sich das schriftdeutsche mit
Feuer gaukeln in der Meißner und Leipziger Mundart als gokeln,
geliefern als geliwern, Krüppel als Grepel, sömmern als simmern
wieder. — Wir haben uns bemüht, derartige Wörter aus dieser
Abhandlung fern zu halten.

1. Das Recht betreffende Wörter.

Reuter[1]) gebraucht das niederdeutsche Hüsung, dessen hoch=
deutsche Form Hausung sein würde, in der Bedeutung Nieder-
lassungsrecht, das ist das Recht, an einem Orte zu hausen.
Es ist dieses ein altes Wort; mittelhochdeutsch heißt hûsunge Wohnung. Anlehnung findet es an hausen und Behausung.

2. Eheschließung.

Die beiden mittelhochdeutschen Wörter wiben und mannen
sind noch in ihrer alten Bedeutung ein Weib nehmen und einen
Mann nehmen im Allemannischen erhalten und zwar bei Hebel
in der Gestalt von wibe und manne. Schriftdeutsch müßten sie
weiben und mannen lauten. Hat auch der schwäbische Dichter
Schwab das erstere schon in der Blutrache gebraucht:

„Er weiß nicht, ob sie weint oder lacht,
Und ob sie ein anderer weibet",

so wird es doch noch nicht als der Schriftsprache angehörig betrachtet.
Das Schriftdeutsche besitzt schon sich beweiben, welches aber nicht
bezüglich gebraucht werden kann, während weiben und mannen in
der Bedeutung zum Weibe nehmen und zum Manne nehmen den
vierten Fall bei sich haben.

3. Kriegswesen.

Von Urlaub haben die Meißner, die Leipziger und baye=
rische Mundart das männliche Hauptwort Urlauber abgeleitet
zur Bezeichnung des beurlaubten Soldaten. Wiewohl es schon
im dienstlichen Stile des Heeres gebraucht wird, gilt es doch noch
als mundartlich und mag daher mit hierher gestellt werden.

4. Heilkunde und menschlicher Körper.

Bei Reuter bedeutet gichten ärztlich untersuchen,[2])
während das mittelhochdeutsche gichten zum Geständnis bringen
heißt. Das Niederdeutsche hat also die geistige Untersuchung des
Richters auf die körperliche des Arztes übertragen.

---

1) II Kein Hüsung.
2) III Belligen 19.

Den regelmäßigen gesunden Atemzug nennt der alle=
mannisch schreibende Hebel Schnüfli; das würde schriftdeutsch
Schnäuflein sein, und ist also von schnaufen mit der Ver=
kleinerungssilbe el abgeleitet. Demnach bezeichnet es eigentlich den
Atemzug, bei dem man ein wenig schnauft, wie es meist im ge=
sunden Schlafe geschieht.

Auch gebraucht Hebel für gesund, sanft schlafen,[1])
schnüfele, das ist schriftdeutsch schnäufeln, also ein wenig
schnaufen. Es hängt zusammen mit dem schriftdeutschen schnüffeln.

Für schwer atmen haben die Leipziger und die erzge=
birgische Mundart neben dem schon als schriftdeutsch geltenden
giebsen noch gabsen. In der schwäbischen erscheint dasselbe
Wort als gapsen, in der Berliner als jappsen und in der
Thüringer als jüppse. In der Jülicher und in der Hol=
steiner Mundart findet sich in derselben Bedeutung jappen,
während diese Form in anderen niederdeutschen Mundarten, wie
das englische gape, gähnen bedeutet. Hingegen heißt das eng=
lische gasp gleichfalls schwer atmen. Im Schlesischen bedeutet
gapsen und gipsen unterdrückt schreien. Alle diese Bildungen
gehen jedenfalls zurück auf den im mittelhochdeutschen giwen mit
der Nebenform giben vorhandenen Stamm, welches den Mund auf=
reissen, gähnen bedeutet und die Grundbedeutung zu enthalten
scheint. Bei giebsen ist einfach der Bildungsteil s an den Stamm
giw oder gib getreten, bei gabsen aber noch dem Stammselbstlaut i
in a abgelautet worden. Beider Bedeutungen decken sich keineswegs;
denn giebsen bezeichnet mehr das langsamere, halberstickte Atem=
schöpfen, gabsen dagegen das hastige Schnappen nach Luft.

In der West= und Ostmeißner, sowie in der erzgebir=
gischen Mundart ist noch das mittelhochdeutsche von sticken abge=
leitete Thätigkeitswort stecken für ersticken machen erhalten,
so sagt man: Der Rauch steckt mich, das heißt: benimmt mir
den Atem — oder auch: Der Husten steckt mich für: macht, dass
ich beinahe ersticke.

Mit dem schriftdeutschen verschnaufen deckt sich das in der
West= und Ostmeißner, der Leipziger und in niederdeutschen

---

1) Das Gegenteil davon bezeichnet trefflich das alte, doch von der
Schriftsprache fast vergessene kalmen: im Halbschlummer oder Fieber=
schlafe liegen, welches die Leipziger Mundart noch verwendet.

Mundarten, so in der Mecklenburger und Dithmarscher, vorhandene verpusten nicht vollständig. Beide bedeuten wieder zu
Atem kommen; doch denkt man bei verschnaufen, der Abstammung
entsprechend, mehr an das beschleunigte Atemholen durch die Nase,
bei verpusten mehr an das durch den Mund; denn pusten,
welches schon im Mittelhochdeutschen als ein niederdeutsches Lehnwort vorhanden und schriftdeutsch ist, bedeutet blasen. Wer sich ver-
schnauft, schnäuft mit der Nase; wer sich verpustet, bläst keuchend
die Backen auf, wie es besonders Dickleibige thun.

Für geräuschvoll husten sagt man in der Leipziger
Mundart köken.

Rauzen heißt in der schlesischen Mundart: im Halse ver-
schleimt sein und hüsteln. Dieses Wort ist wohl aus dem
mittelhochdeutschen roffezen = aufstossen, rülpsen entstanden, wofür
besonders die mittelhochdeutschen Nebenformen raubzen und roubsen
sprechen.

Für denjenigen unbehaglichen Zustand, in dem man sich befindet,
wenn man noch nicht ausgeschlafen hat, besitzt die Leipziger
Mundart das Eigenschaftswort rauchmuzig. Dieses ist zusammengesetzt aus rauch und dem mittelhochdeutschen weiblichen Hauptwort
mûze = das Mausern. Es bezeichnet also zunächst die Beschaffenheit des im Mausern begriffenen Vogels, der struppig und rauch
aussieht.

Es muckert gebrauchen die West- und Ostmeißner, sowie
andere mitteldeutsche Mundarten und auch die Mecklenburger[1])
von einem leise zuckenden, zuweilen auf kurze Zeit aufhörenden
Schmerz, so von Zahnschmerzen, Reißen und dergleichen. Möglicherweise haben wir es hier mit einem sehr alten Stamm zu thun.
Im Mittelhochdeutschen heißt mocken versteckt liegen, und als
ein im Versteck liegender und dann und wann hervorbrechender
Schmerz kann die oben geschilderte Empfindung leicht aufgefaßt werden. Das mittelhochdeutsche mocken hängt aber jedenfalls wieder
mit dem althochdeutschen mûhhan = wegelagernd anfallen zusammen.
Das erzgebirgische muckern für stottern und das Leipziger
mokern für in den Bart brummen ist jedenfalls nicht damit verwandt.

---

[1] Reuter VI, Stromtid I, 8 krieg ich wieder so'n entsamtes Muckern
in den großen Zehen.

Der Klamm für Krampf in Arm oder Bein ist bereits schriftdeutsch. Schon im Mittelhochdeutschen heißt klam Krampf. Im Niederdeutschen findet sich noch vorklamen für vor Frost erstarren; in mitteldeutschen Mundarten bedeutet verklommen: vor Frost erstarrt.

In der Leipziger, Thüringer und schwäbischen Mundart versteht man unter Knautel, Knäutel oder Gneidel eine knotige verhärtete Geschwulst oder Blüte, auch eine geschwollene Drüse. Dies Wort, welches mit Knüttel und Knoten zusammenhängt, findet sich schon mittelhochdeutsch als knüteln in ähnlicher Bedeutung.

Das mittelhochdeutsche Thätigkeitswort verbellen bedeutet: ein Glied so beschädigen, dass eine Geschwulst entsteht, so die vüeze verbellen. Die bayerische Mundart hat verbellen gewahrt, die West- und Ostmeißner, sowie die erzgebirgische besitzen in dieser Bedeutung erbellen, das mittelhochdeutsch eine etwas andere Bedeutung hat, während verstauchen das einfache Verdrehen der Glieder ohne Geschwulst bezeichnet. In der Leipziger und hallischen Mundart soll erbellen oder erböllen: ein Glied halb erfrieren bedeuten.

Die Thätigkeitswörter ergremen und ergremzen haben im Mittelhochdeutschen die Bedeutung Gram machen. Ersteres ist nun als ergrämen in der Ostmeißner, letzteres als ergremsen in der schlesischen Mundart vorhanden, sie bedeuten aber beide eine Wunde oder Geschwulst durch schlechten Verband, Jucken und dergl. bös machen. Wir haben hier also eine Übertragung vor uns; das Wort, welches ursprünglich das Erregen eines seelischen Schmerzes bezeichnete, wurde auch auf die Hervorbringung eines körperlichen übertragen. Die Westmeißner Mundart hat ganz in dieser Bedeutung erjämmern von Jammer abgeleitet.

Die auf verharschenden Wunden sich bildende Kruste bezeichnet Hebel mit dem allemannischen Worte die Rufe. Es ist dieses ein uraltes deutsches Wort und lautet altnordisch hrufa und hrýfi, angelsächsisch hreof, althochdeutsch hruf und mittelhochdeutsch ruf und rufe. Seine alte Bedeutung ist Schorf, Aussatz.

Das mit Knopf zusammenhängende mittelhochdeutsche männliche Hauptwort knübel für Fingerknöchel hat sich in der Leipziger Mundart in der Gestalt von Knebel, in der Nürnberger in der von Kniebel erhalten, wird jedoch nur für das mittlere Fingergelenk gebraucht. Für die Schriftsprache empfiehlt sich die alte Form Knübel.

5. Handel und Wandel.

Das schriftdeutsche Wort Anlauf wird in der Leipziger Mundart für günstige Lage gebraucht. So sagt man: Das Geschäft liegt recht am Anlaufe und am ersten Anlaufe; das heißt eigentlich an einer Stelle, auf die alle Menschen zulaufen. Die Mundart hat den ursprünglich feindlichen Sinn dieses Wortes in einen freundlichen umgewandelt; denn das mittelhochdeutsche anlouf heißt Beleidigung, Angriff. — Ganz in derselben Bedeutung wird in der West- und Ostmeißner Mundart das schriftdeutsche Wort die Prelle verwandt. Auch diesem Gebrauche liegt ein ganz ähnlicher Sinn zu Grunde; denn an der Prelle liegen heißt eigentlich: An einer Stelle liegen, wo alle anprellen.

Das schriftdeutsche Wort belaufen ist in der West- und Ostmeißner, sowie der Leipziger Mundart für Geschäftsgänge besorgen, wie Einkäufe, Bestellungen und dergleichen üblich. So sagt man: Ich muss alles selber belaufen, das heißt: alle notwendigen Gänge selber gehen.

In der West- und Ostmeißner, sowie der Leipziger Mundart kläppert ein Geschäft, wenn in demselben nur kleine Verkäufe mit geringem Verdienste gemacht werden. In Leipzig sagt man dann auch: Es geht kläpperig, und nennt ein derartiges Geschäft einen Kläpperkram. Kloppern ist schon mittelhochdeutsch eine Nebenform von klappern; demnach bezieht sich kläppern wohl auf das klappernde Geräusch der Kupfermünzen, mit welchen in einem solchen Geschäfte gezahlt wird, im Gegensatz zu dem Klimpern des Silbers und Goldes.

Trotzdem läppert sich mit der Zeit auch in einem derartigen Geschäfte etwas zusammen, wie es in den soeben erwähnten Mundarten und ebenso in der erzgebirgischen heißt. Auch die einzelnen kleinen Erträge geben nach und nach eine ganz erkleckliche Summe, wie ja leider auch Läpperschulden. Mit diesem schriftdeutschen Wort ist zusammenläppern augenscheinlich verwandt und ebenso mit dem schriftdeutschen verläppern. Alle drei gehen wohl zurück auf das Hauptwort Lappen.

Giebt jedoch ein Geschäft einen großen Verdienst, so sagt man in der West- und Ostmeißner, der Leipziger, vogtländischen,

Wiener und schwäbischen Mundart: Es kleckt. Während die neuhochdeutsche Schriftsprache klecken nur in seiner sinnlichen und älteren Bedeutung austräufeln, einen Fleck machen kennt, kommt es schon mittelhochdeutsch in der übertragenen von genügen, wirksam sein, helfen vor, welche sich offenbar derjenigen nähert, die ihm die erwähnten Mundarten gegeben haben. Daher erklärt sich auch das schriftdeutsche erklecklich für beträchtlich.

Eine Weiterbildung von klecken mit verkleinerndem Sinn ist das in der West- und Ostmeißner, sowie der Leipziger Mundart vorhandene kleckern, welches einen schwachen Verdienst abwerfen bedeutet und sich so in der Bedeutung der von läppern nähert. Man gebraucht aber kleckern auch von dem allmählichen Zusammenkommen einer Gesellschaft von Menschen und wirft diesen vor: Ihr kommt ja recht gekleckert. In West- und Ostpreußen bedeutet verkleckern verschwenden, verzetteln, verläppern.

Wird in einem Geschäft ein grosser Posten auf einmal verkauft, so sagt man in der West- und Ostmeißner Mundart: Es fluscht oder flutscht. In ähnlichem Sinne wird es auch außerhalb des kaufmännischen Sprachgebrauches angewandt. Im Schlesischen bedeutet fluschen flecken. Eigentlich bedeutet es einen Flaus, das ist: einen schon ansehnlichen Knäuel bilden. Mittelhochdeutsch ist vlus eine Nebenform von vlies.

Einer, der stets auf vorteilhafte Geschäfte sinnt, wird in der Leipziger Mundart ein Gutmacher genannt, während gutmachen in den beiden Meißner Mundarten profitieren bedeutet.

Für gierig erwerben hat die Leipziger Mundart habbern und für gierig erwerbend das Eigenschaftswort habberig. Wahrscheinlich sind dieses Weiterbildungen von haben, sodaß habbern eigentlich gierig haben wollen bedeutet.

In der West- und Ostmeißner, sowie der Leipziger Mundart ist von Habe mit der Verkleinerungssilbe chen Habchen abgeleitet worden und bezeichnet ein geringes Vermögen. So sagt man: Er verlor sein ganzes Habchen für: sein ganzes, geringes Vermögen.

Ramsch oder Rampsch für Ausschussware gilt schon als schriftdeutsch, desgleichen rampschen für unter dem Preise verkaufen oder herabgesetzte Waren einkaufen. In der Leipziger Mundart hat man nun auch davon für die Einkäufer

solcher im Preise herabgesetzter Waren das Wort Ram-
scher gebildet. Diese Wörter rühren jedenfalls von dem niederdeutschen schon in mittelhochdeutscher Zeit vorhandenen ramp = das
Gemisch her. Hierfür spricht namentlich das seltene schriftdeutsche
Wort der Ramp, welches in der Verbindung im Rampe zuweilen
für das üblichere en bloc gebraucht wird. Der Ramsch ist aber
ein Gemisch von Ausschußwaren verschiedener Güte.

Zur Bezeichnung des Selbstkostenpreises oder der Her-
stellungskosten einer Ware besitzt die Leipziger Mundart das
kurze Wort Währgeld. So sagt man: Fürs Währgeld verkaufen.
Hierin ist jedenfalls eine Ableitung von dem mittelhochdeutschen
wörn = zahlen noch vorhanden.

Im Erzgebirgischen findet sich dächn (ä lang) im Sinne von
für etwas aufkommen, entschädigen. 'S dächt mrsch niemand
heißt: Es kommt mir niemand dafür auf. Dächen ist das mittelhochdeutsche tichen, welches büssen bedeutet. Die schriftdeutsche
Form des Wortes müßte demnach teichen sein.

Ein sehr alter Stamm scheint in dem erzgebirgischen
fentschn oder fentschln noch vorhanden zu sein, das durch
Tausch einhandeln bedeutet. Mittelhochdeutsch heißt vanz Schalk,
Betrug, venzelin junger Schalk und hängt mit dem altnordischen
fantr zusammen. Diesen Begriffen kommt aber offenbar die jetzige
Bedeutung von fentschn noch sehr nahe; denn das Sprichwort sagt:
‚Wer Lust zu tauschen hat, der hat auch Lust zu betrügen.‘ Im
Schriftdeutschen müßte das Wort die Form füntschen annehmen.

Im Schlesischen · heißt zisseln schlecht mossen, das
Mass locker füllen. Auch hierin bietet sich uns jedenfalls ein
sehr alter Stamm dar. Denn zisseln ist wohl mit der Verkleinerungssilbe el von dem mittelhochdeutschen zeisen = zupfen,
auflockern gebildet, dessen althochdeutsche Form zeisan ist, und das
auch im Angelsächsischen in der Gestalt von taesan sich findet.

Eine Weiterbildung von dem mittelhochdeutschen und jetzt noch
schriftdeutschen kramen ist kramern, welches Thätigkeitswort der
West- und Ostmeißner, der Leipziger und der schlesischen
Mundart angehört mit der Bedeutung: geschäftig sein wie
ein Krämer, in Kisten und Kasten herumstöbern, sich
allerhand zu schaffen machen.

Den Händler mit Lebensmitteln, besonders mit trocke-
nem Gemüse, nennt man in Schlesien einen Bäudler, was

jedenfalls von Bude abzuleiten ist, wie man häufig einen Laden, in dem Lebensmittel verkauft werden, heißt.

Recht bezeichnend für die Handelsstadt Leipzig sind die in dortiger Mundart gebrauchten kurzen Bildungen aufbuden für die Verkaufsbuden aufbauen und abbuden für dieselben wieder abbrechen, nicht minder auch einbudeln für das Geschäft aufgeben, eigentlich wohl die Bude einpacken. Alle drei kommen von dem einfachen mittelhochdeutschen Thätigkeitsworte buoden = eine Bude aufschlagen. — Von abbuden ist dann Abbudetag abgeleitet, wie der letzte Tag einer Messe genannt wird, weil an ihm die Buden abgebrochen werden, während die erste Woche einer solchen die Auspackwoche oder Vorwoche heißt.

6. Gewerbe und Handwerk.

A. Allgemeines.

Tausch wird bei Reuter[1]) ein Geselle genannt, den sein eigener Vater als Meister in der Lehre gehabt hat. Möglicherweise ist die Bezeichnung Tausch für Meisterssohn infolge der Sitte entstanden, daß Meister ein und desselben Handwerkes ihre Söhne sich gegenseitig in die Lehre zu geben pflegten, sie also gewissermaßen austauschten. Später erst mag dieses Wort auch auf Gesellen, die bei ihrem eigenen Vater als Lehrlinge gewesen waren, übertragen worden sein.

Von dem mittelhochdeutschen und schriftdeutschen Thätigkeitsworte feiern (mittelhochdeutsch viren) in der Bedeutung: ohne Arbeit sein hat die Leipziger und schlesische Mundart das Eigenschaftswort feirig für arbeitslos abgeleitet, sowie die Mecklenburger, wie Reuter zeigt, Firburss,[2]) das ist schriftdeutsch Feierbursche, für einen Handwerksburschen, der keine Arbeit hat.

Der Mutz ist in der Leipziger Mundart ein abgenutztes, verstümmeltes Werkzeug. Derselbe Stamm liegt in dem mittelhochdeutschen und schriftdeutschen mutzen für abschneiden, stutzen vor. Mutz wird aber auch in dem Sinne von Knirps

---

1) IV H. Rüte 10. — 2) IV H. Rüte 10.

gebraucht. Nicht bloß in der Leipziger, sondern auch in der Meißner Mundart ist vermutzen üblich und bedeutet: etwas durch Ungeschicklichkeit verderben oder verstümmeln, so wird es in Bezug auf Kleidungsstücke, Hausgerät und dergleichen gebraucht.

Unter einer Nusche versteht man dagegen in der Leipziger und hallischen Mundart ein stumpfes Messer. Möglicherweise ist dieses das mittelhochdeutsche weibliche Hauptwort nuosch, welches Rinne, Röhre, Trog bedeutet.

B. Eisengießerei.

Luppe ist bei dem allemannisch schreibenden Hebel ein grosser Klumpen glühenden Eisens.

C. Nadlerei.

In der West- und Ostmeißner Mundart nennt man eine bestimmte Anzahl von Stecknadeln, gewöhnlich fünf, ein Gesetz, in der erzgebirgischen ein Gsetzel (Gesetzel).

D. Wagnerei.

Bei dem mecklenburgisch schreibenden Reuter wird der Riemen, an dem die Wagenbank hängt, Bänkenreimen[1]) genannt, was schriftdeutsch Bankriemen lauten würde.

E. Böttcherei.

Verlechzte Gefäße läßt man, um sie wieder vollständig dicht zu machen, im Wasser verquellen; dieses nennt man in der Leipziger Mundart verbienen. In der Basler Mundart heißt de Fass usbüne sie mit siedendem Wasser ausbrühen, um ihnen den Geruch zu benehmen. Beide Wörter würden schriftdeutsch verbühnen und ausbühnen lauten; denn sie kommen vom mittelhochdeutschen büenen, welches bohnen bedeutet, während mittelhochdeutsches durchbüenen durchdringen heißt.

F. Töpferei und Glaserei.

In der erzgebirgischen Mundart wird fletsch oder fletschel ein breiter flacher Napf mit oder ohne Henkel genannt. Augen-

---

1) I Läuschen 43.

scheinlich ist dieses Wort von demselben Stamme wie die mittel=
hochdeutschen Wörter vletzen = ebenen, ausbreiten, vletze = ge=
ebneter Boden, Hausflur, und vlatsche = Schwert mit breiter
Klinge, und zwar geht es mit ihnen auf das althochdeutsche Eigen=
schaftswort flaz = flach zurück; es wäre demnach als Flätsch
oder Flätschel in die Schriftsprache aufzunehmen.

Unter einem Kritzel versteht die West= und Ostmeißner,
sowie die Leipziger Mundart einen kleinen Ritz auf einer
glatten Fläche, wie ihn besonders Sand auf Glas, Porzellan,
Thon und dergleichen hervorbringt, ferner aber auch einen dünnen,
unleserlichen Schriftzug. Ganz ähnliche Bedeutung hat das
mittelhochdeutsche ebenfalls männliche Hauptwort kritz, von dem
Kritzel mit Hilfe der Verkleinerungssilbe el abgeleitet ist. Kritzelig
und kritzeln hat die Schriftsprache schon aufgenommen.

G. Baugewerbe.

Das mittelhochdeutsche kellen für mit der Kelle arbeiten,
schöpfen hat die Mecklenburger Mundart noch bewahrt, wie
Reuter zeigt.[1])

Das mittelhochdeutsche radeber, entstanden aus rat = das Rad
und baere = Bahre, Trage, Gestell, hat sich noch in dem weib=
lichen Hauptworte Radeberge erhalten, welches in der West=
und Ostmeißner, der Leipziger, Altenburger, Thüringer und
hallischen Mundart einen Schubkarren mit einem Kasten
bezeichnet.

H. Seilerei.

Reuter verwendet Bandwerks,[2]) dessen hochdeutsche Form
Bandwerk sein würde, zur Bezeichnung von allerlei durchein=
ander geschlungene Bänder und Bindfäden.

J. Weberei.

In der schlesischen Mundart heißt Sperrute eine Schiene
mit Zähnchen an den Enden, durch welche die Weber das Ge=
webe ausspannen. Der erste Bestandteil dieses Wortes kommt
jedenfalls von sperren, welches mittelhochdeutsch auch in der Be=
deutung von ausspannen sich findet. Demnach müßte dieses Wort

---

1) I Läuschen 12. Hei fellt sick den tweiten Teller vull up.

2) VI Stromtid I, 2: halt hei 'ne Hand vull Bandwerks ut de Tasch.

bei Aufnahme in die Schriftsprache die Schreibweise Sperrrute annehmen.

Die Thätigkeitswörter fitzen und verfitzen sind schon schrift=deutsch, noch nicht aber das von demselben Stamme gebildete säch=liche Hauptwort Gefitz, wie in der Meißner und erzgebir=gischen Mundart eine Verknotung und Verschlingung im Garn oder Zwirn genannt wird. — Außerdem besitzt die Meißner und auch die Leipziger Mundart noch das mittelhochdeutsche männliche Hauptwort vitz, welches jetzt Fitz zu schreiben wäre. Während dieses aber im Mittelhochdeutschen eine beim Haspeln ab=geteilte und für sich verbundene Anzahl Fäden bezeichnete, wie das neuhochdeutsche von einer mittelhochdeutschen Nebenform kom=mende die Fitze, bedeutet es jetzt einen verwirrten Knäuel von Bindfaden, Garn, Zwirn u. dergl.

Dagegen heißen Knoten, die durch ungeschicktes Spinnen im Garn entstehen, in der erzgebirgischen Mundart Lorksen, und auch das ungeschickte Spinnen, infolge dessen der Faden ungleich und knotig wird, nennt man lorksen. Diese beiden Wörter sind jedenfalls verwandt mit dem mittelhoch=deutschen Eigenschaftswort lërc, lirc, lurc, welches links und lahm bedeutet; denn die Begriffe links, ungeschickt, verkehrt, fehlerhaft nähern sich sehr. Dann würden diese Wörter die Gestalt von Lurksen und lurksen in der Schriftsprache bekommen müssen.

Dröseln und aufdröseln ist schon schriftdeutsch. Die Ost=meißner und erzgebirgische Mundart besitzen außerdem noch das Hauptwort der Driesel für einen herabhängenden Faden an aufgelockertem Gewebe oder für einen Fetzen am Kleid. In der Schriftsprache müßte dieses Wort in Anschluß an dröseln die Gestalt von Drösel annehmen.

Das schon mittelhochdeutsch vorkommende männliche Hauptwort Trieme für die Enden der Fäden des Zettels, die der Weber nach Vollendung des Stückes abschneidet, hat auch noch der allemannisch schreibende Hebel. — In ganz ähn=licher Bedeutung gebraucht die erzgebirgische Mundart das säch=liche Hauptwort Drum, indem sie darunter den Rest oder das Endstück eines Gespinstes oder Gewebes versteht. Auch dieses Wort gehört bereits dem mittelhochdeutschen Sprachschatze an, ja geht wahrscheinlich auf einen indogermanischen Stamm zurück; denn seine Bedeutung Ende, Endstück kommt der von dem alt=

indischen tarman Spitze sehr nahe. Das altnordische thrömr be= deutet äusserster Rand, das angelsächsische und englische thrum Endstück. Da nun drum im Mittelhochdeutschen die Nebenform trume schon hat, so ist anzunehmen, daß Trieme und Drum nur mundartlich verschiedene Formen desselben Wortes sind. Hiermit verwandt ist auch Trümmer.

Fäden, welche den Saum des Stoffes umwinden, nennt Hebel überbindliche. Eigentlich müßte es aber wohl überbeundlich heißen; denn es kommt jedenfalls von dem mittel= hochdeutschen überbiunden = einhegen [mittelhochdeutsches iu ist neu= hochdeutsch zu eu geworden]. Der Saum ist gewissermaßen von dem Faden eingehegt.

K. Schuhmacherei.

Der Riester ist in der Westmeißner, Leipziger, ostfrän= kischen, Elsässer und Basler Mundart ein Seitenfleck an Schuhwerk; das in der niedersächsischen und Mecklenburger Mundart vorhandene Reister[1]) ist nur die norddeutsche Form davon. In der Mecklenburger ist auch das Thätigkeitswort reistern für Flecke auf Schuhwerk setzen gebräuchlich, wie Reuter[2]) zeigt. Schriftdeutsch müßte dieses natürlich riestern lauten. Wir scheinen hier Ableitungen von dem mittelhochdeutschen rist = das Fussgelenk, der gebogene Rücken des Fusses, vor uns zu haben. Vom Kör= perteil wird öfter die Bezeichnung für das ihn umhüllende Kleidungs= stück abgeleitet, so Ärmel von Arm.

Während einbällig schon als schriftdeutsch gilt, ist dieses wohl noch nicht der Fall bei zweibällig, welches Wort in der West= und Ostmeißner, der Leipziger, der Thüringer und erzge= birgischen Mundart im Gegensatz zu einbällig von einem Stiefel gesagt wird, der sowohl auf den rechten als auch auf den linken Fuß paßt.

L. Holzhackerei.

Der Rümmel ist in der Leipziger, der Henneberger und der schwäbischen Mundart ein knotiger Klotz oder ein Baum= stumpf. Das mittelhochdeutsche weibliche Hauptwort ramme, von dem ersteres jedenfalls abgeleitet ist, bedeutet Fallklotz.

---

1) Reuter II Läuschen II, 47. — 2) II Läuschen II, 37.

7. Fischerei und Schiffahrt.

In der Leipziger Mundart heißt ein Fischnetz an einer Stange, wie sie an Mühlwehren gebräuchlich sind, eine Hebe. Dasselbe Wort kommt mittelhochdeutsch für das Heben vor.

In derselben Mundart finden sich auch Pätschel für Handruder und pätscheln für mit einem Handruder rudern. Es sind dieses Weiterbildungen mit der Verkleinerungssilbe el von dem mittelhochdeutschen und schriftdeutschen patschen, beim Fall schallend aufschlagen, in eine Flüssigkeit schlagen, wie man es mit dem Handruder thut.

8. Landwirtschaft.

A. Ackerbau.

Von dem jetzt nur noch dichterisch gebrauchten alten deutschen Worte Mark für Grenze hat die allemannische Mundart, wie Hebel zeigt, das männliche Hauptwort Marcher für Feldvermesser abgeleitet. Die schriftdeutsche Form dieses Wortes würde Marker sein, dasselbe würde an dem noch gebräuchlichen Markstein eine gute Stütze finden.

Das mittelhochdeutsche weibliche Hauptwort egerde findet sich noch bei Hebel in der Gestalt von Egerte und in der Bedeutung ein Land, das nichts trägt. Es deckt sich beinahe mit Brachland, doch nicht ganz. Denn letzteres bezeichnet mehr ein Stück Land, das nur eine bestimmte Zeit der Erholung wegen brach liegt, ersteres aber ein überhaupt unfruchtbares Land.

Das mittelhochdeutsche weibliche Hauptwort anwende für Grenze des Ackers, die Stelle, wo der Pflug wendet, ist noch in der Leipziger und erzgebirgischen Mundart erhalten; in der Dithmarscher ist dafür Värwenn, das ist Vorwende, vorhanden, in der Leipziger außerdem noch das Vorende.

Das Mittelhochdeutsche besitzt ein von Stein gebildetes Thätigkeitswort steinen für mit Steinen versehen. In der erzgebirgischen Mundart ist dieses als schtän erhalten, heißt aber: Steine vom Felde ablesen.

Die durch heftig abströmenden Gewitterregen aufgerissene furchenartige Vertiefung in Acker- und Getreideland heißt in der erzgebirgischen Mundart Raochl[1]) und das Ent-

---

1) ao bezeichnet einen einfachen zwischen a und o liegenden Selbstlaut.

stehen derartiger Vertiefungen bezeichnet man mit: es ruochelt; die schriftdeutschen Formen davon würden Rachel und racheln sein. Offenbar hängen diese beiden Wörter mit dem mittelhoch= deutschen Thätigkeitswort rechen = scharren zusammen, sowie mit dem Gerät Rechen; das Gemeinsame ist das Aufreißen der Erde und das Entstehen von furchenähnlichen Vertiefungen. Vielleicht ist es dasselbe Wort, wie das mittelhochdeutsche weibliche Hauptwort richel und rechel, welches in der Verbindung einem ein richel in den hert legen: ihm hinderlich sein bedeutet, und sich in der Kärntner Mundart für Egge und in dem Redebild: einem eine richel in den Weg legen für ihm ein Hindernis bereiten findet.

Mank säen gebraucht man in der Westmeißner und Leipziger Mundart von dem Durcheinandersäen von Wicken, Schoten, Gerste u. a. Offenbar kommt Mank von mengen; mittel= hochdeutsch heißt gemane das Gemenge, und niederdeutsch mang zwischen. Die hochdeutsche Schreibung müßte demnach Mang sein. Es findet sich auch in weiterer Bedeutung für Gemenge überhaupt.

Unter einer Sile versteht man in der schlesischen Mundart eine zerdrückte Stelle im Getreidefelde. Schriftdeutsch müßte das Wort Sühle lauten; denn es hängt mit dem mittel= hochdeutschen Thätigkeitswort süln, welches in der neuhochdeutschen Schriftsprache sühlen geschrieben wird und in etwas wälzen bedeutet, zusammen.

Das mittelhochdeutsche Thätigkeitswort halmen für Getreide= schneiden hat sich in der Mecklenburger Mundart gerade in um= gekehrter Bedeutung erhalten. Es heißt jetzt Halme beim Hauen stehen lassen.[1]

In Mecklenburg versteht man unter Binner, das ist hoch= deutsch Binder, den Strick, mit welchem der Baum über dem Getreidewagen festgebunden wird;[2] unter Wesbom, hochdeutsch Wiesbaum, den Baum, der über dem geladenen Fuder liegt.[3] Letzteres Wort hat schon das Mittelhochdeutsche als wisboum in ähnlicher Bedeutung.

Das beim Ernten zerstreute und nachträglich ein= gesammelte Getreide nennt die erzgebirgische Mundart das Gbechte, während bechtn durch Unachtsamkeit verstreuen,

---

1) Reuter II, Kein Hüsung: heft ok halmt. — 2) Reuter II, Läuschen II, 2. — 3) wie 2.

verlieren bedeutet. In ähnlicher Bedeutung findet sich im Bayerischen bocht. Wahrscheinlich ist in diesen Wörtern ein uralter deutscher Stamm bewahrt. Im Gotischen heißt nämlich usbaugjan kehren, und im Mittelhochdeutschen daz bäht: Kehricht. Die schriftdeutschen Formen wären demnach Gebächte und bächten.

Das mittelhochdeutsche männliche Hauptwort schoup, schoubes für Strohbündel ist noch in der erzgebirgischen Mundart als Schaob erhalten. Letztere Mundart und außerdem die allemannische besitzen hiervon außerdem noch eine Bildung mit der Verkleinerungssilbe el oder lein als Schaewl und Tschänbli, dessen schriftdeutsche Gestalt Schäublein sein würde für Strohbüschel. — In Schobhut für schlechter Hut ist das alte schoup noch in der Meißner, Leipziger und in der Form Schofhut in der hallischen Mundart enthalten, während die erzgebirgische und vogtländische es in der Form von Schaobhut und die thüringische und schwäbische in der von Schaubhut bewahrt haben. Letztere würde auch die schriftdeutsche sein müssen und ebenso auch Schaub für Strohbündel.

Das bei Hebel sich findende allemannische Togge für Strohwisch ist wohl das mittelhochdeutsche tocke, welches Bündel und Büschel bedeutet.

Letzterer gebraucht auch warbe für das frischgemähte Gras umwenden; in der bayerischen Mundart heißt worben: das Heu umwenden. Auch mittelhochdeutsch findet sich bereits das gras warben für das Gras wenden. Warben wäre auch in die Schriftsprache aufzunehmen.

Ein schoche ist mittelhochdeutsch ein aufgeschichteter Haufe Heues, und schochen bedeutet aufhäufen. Die von Hebel gebrauchten allemannischen Wörter Schöchli und schöchle sind davon mit der Verkleinerungssilbe li und le abgeleitet und bedeuten: kleiner Heuhaufe und das Heu in solche bringen. Die schriftdeutschen Formen würden Schöcklein und schöckeln sein; denn in diesen Wörtern ist derselbe Stamm wie in Schock vorhanden.

Im Erzgebirgischen dagegen hat sich mittelhochdeutsches schoberen als schewrn, das ist schriftdeutsch schobern, in ähnlicher Bedeutung gewahrt.

Ein mit Gemüse bepflanztes Feld heißt im Schlesischen Kräuterei.

Für Salat-, Kohl- oder Krautkopf ist in der Leipziger, West- und Ostmeißner, der Thüringer, ostfränkischen und in mehreren niederdeutschen Mundarten das Heed üblich, sowie in der schlesischen Höt und Hoet und in der vogtländischen Häd. Dieses Wort scheint eine Zusammenziehung von heubet zu sein, welches eine mitteldeutsche Nebenform von dem mittelhochdeutschen houbet, unserm Haupt, ist; denn schon mittelhochdeutsch kommt houbet für Spitze vor, während noch jetzt die Leipziger und vogtländische Mundart zu Heeden oder Häden für zu Häupten haben. Hierfür spricht auch das englische head = Kopf. Die hochdeutsche Schreibweise müßte dann Häut sein, und es hätte sich hier, wie in schon früher angeführten Fällen aus der mundartlichen Nebenform ein neues Wort entwickelt.[1]

B. Garten- und Holzbau.

Das mittelhochdeutsche bäht, welches die Nebenformen böht und beht hat, bedeutet Kehricht, Kot, Unrat. — Möglicherweise hängt das in der West- und Ostmeißner, sowie der erzgebirgischen Mundart gebräuchliche abbutteln für eine Pflanze, ein Tier oder einen Menschen mit ausgesuchter Fürsorglichkeit pflegen und abwarten hiermit zusammen. Seine ursprüngliche Bedeutung würde dann sein: jeden Schmutz und Unrat von etwas fern halten. — Ferner wäre auch butten[2] und verbutten hierherzustellen, welche beiden Wörter in der West- und Ostmeißner, der Leipziger, der hallischen, thüringischen, schlesischen, bayerischen und schwäbischen Mundart für nicht gedeihen, besonders von Pflanzen gebräuchlich sind, so wenn dieselben infolge des Ungeziefers oder der schlechten Pflege verkümmern. In Bezug auf Tiere und Menschen wird das Wort seltener angewandt.

Ein von Hühnern gescharrtes Loch heißt in der schlesischen Mundart eine Scharre.

Das mittelhochdeutsche blaten für Blätter abnehmen hat sich noch in der Meißner und erzgebirgischen Mundart erhalten, so sagt man besonders Kraut blatten für: Kraut blattweise pflücken.

---

1) 1. Abschnitt S. 5
2) Mittelhochdeutsch giebt es ein Thätigkeitswort butten = ausweiden.

Reuter nennt einen Ort, der durch seine Lage Obst-pflanzungen Schutz vor rauhen Winden bietet, eine Schuling, das wäre schriftdeutsch eine Schulung. Dieses Wort kommt von dem in mittelhochdeutscher Zeit gebräuchlichen mittel-deutschen Wort schulen für verborgen sein, wozu möglicherweise unser Baumschule gehört.

Das mittelhochdeutsche weibliche Hauptwort bluot hat sich noch in der Meißner und Leipziger Mundart als Mengename in der Gestalt von Blut erhalten. Während Blüte die einzelne Blüte bezeichnet, bezieht es sich auf sämtliche Blüten, so sagt man: Die Bäume stehen in voller Blut. Auch für Blütezeit wird es ge-braucht. Ganz so wird im Ostfränkischen Blüh und im Alle-mannischen die Bluest, wie Hebel zeigt, verwandt. Letzteres ist das mittelhochdeutsche bluost für Blüte.

Zwei an einem Zweige zusammengewachsene Äpfel werden in der Mecklenburger Mundart nach Reuter Druw-äppel,[1]) das ist schriftdeutsch Traubäpfel, genannt, da sie ja traubenähnlich gewachsen sind.

In derselben Mundart versteht man unter Deckelweide einen Weidenschössling, der zum Decken der Strohdächer dient.[2]) Für die Schriftsprache wäre Deckweide zu empfehlen.

Das mittelhochdeutsche ric, die Verstrickung, hat sich in dem von Reuter gebrauchten Mecklenburger Räk[3]) erhalten, welches Wort eine aus starken Stangen bestehende zusammengebundene Befriedung bezeichnet. Im Niederrheinischen ist schon in mittel-hochdeutscher Zeit die Nebenform recke vorhanden. Das von Reuter außerdem verwandte Rek[4]) für Stangengeländer ist offen-bar dasselbe Wort. Die schriftdeutsche Form würde Rick sein. — Von demselben Stamme ist jedenfalls auch Reck (Turngerät).

Das mittelhochdeutsche Welle für Reisigbündel ist auch noch im Allemannischen bewahrt, wie Hebel zeigt, desgleichen im Thüringischen.

C. Viehzucht.

Eine Ableitung von dem mittelhochdeutschen strim und schrift-deutschen Strieme ist das in der Mecklenburger Mundart vor-

---

1) VI Stromtib. — 2) Reuter II, Läuschen 10. — 3) III Reise nach Belligen 27. — 4) VI Stromtib I, 1.

handene Strimer,[1]) schriftdeutsch Striemer, zur Bezeichnung einer
Kuh mit weissen Streifen auf dem Rücken.

Von dem schriftdeutschen Worte melk für Milch gebend haben
die Mundarten außer dem schon schriftdeutschen frischmelk noch
einige Weiterbildungen. So heißt die Milch einer Kuh nach
dem Kalben in der Leipziger Neumelke. Eine Kuh, die
schon längere Zeit gekalbt hat, heißt in der erzgebirgischen alt-
malk, in der bayerischen altmelch, das wäre schriftdeutsch altmelk.

Das erzgebirgische Thätigkeitswort berzen ist jedenfalls von
dem mittelhochdeutschen bürn, dem althochdeutschen purjan = in die
Höhe recken, abgeleitet. In süddeutschen Mundarten tritt es
in der Form von borzen und bei Hans Sachs in der von pürtzen
auf. Schriftdeutsch müßte es demnach bürzen lauten. Bei Hans
Sachs bedeutet es hervorstehen, hervorstehen machen; im Erzgebirgischen wird es zunächst vom Rindvieh gebraucht und
heißt: mit aufgerecktem Schwanze auf der Weide umherrennen. Dann ist es aber auch auf den Menschen übertragen
worden und bedeutet: die Nase hoch tragen, vornehm thun.
In letzterer Bedeutung ist in der Meißner Mundart berzeln,
welches schriftdeutsch bürzeln lauten müßte, gebräuchlich; dieses ist
von berzen mit der Verkleinerungssilbe el abgeleitet.

Sehr alt ist das im Erzgebirgischen noch erhaltene bisen.
Es ist das althochdeutsche bisôn und das altnordische bisa. Schon
im Mittelhochdeutschen hat bisen die Bedeutung wild umherrennen
wie von Bremsen geplagtes Vieh. Im Erzgebirgischen wird bisen
besonders von dem wilden Umherrennen der Rinder auf
der Weide gesagt. Dieselbe Bedeutung hat das schlesische biseln,
welches mit der Verkleinerungssilbe el von bisen weitergebildet ist,
sowie das schwäbische bisern, das von bisen mit der Silbe er abgeleitet ist. Im Schlesischen wird aber biseln auch von dem
Hin- und Herschwanken der herabhängenden Mädchen-
zöpfe gebraucht, während in der Leipziger Mundart bisseln
und wisseln: erpicht sein, vor Ungeduld zappeln, hastig,
ängstlich herumhantieren bedeutet, sowie bisselig[2]) und
wisselig: ausser sich, aufgeregt vor Freude. Das Gemeinsame dieser verschiedenen Bedeutungen ist die hastige, un-
regelmäßige Bewegung.

---

1) I Läuschen. — 2) Vergl. auch der Bisslich S. 42.

Während mattig für geronnen von der Milch vielleicht schon als schriftdeutsch gelten dürfte, ist dieses noch nicht der Fall mit Matln, wie im Erzgebirgischen die Käseklümpchen heißen, in die sich geronnene Milch zersetzt. Schriftdeutsch müßte das Wort Mattel heißen. Beide Wörter kommen von dem mittelhoch= deutschen weiblichen Hauptworte matte = geronnene Milch. — Von einer Milch, in der sich Käseklümpchen bilden, sagt man in der West= und Ostmeißner Mundart: Sie mättelt.

Ein kleiner Quarkkäse heißt in der Leipziger und deutschböhmischen Mundart Quärgel, in der erzgebirgischen Quarchl. Dieses Wort ist mit der Verkleinerungssilbe el von dem mittelhochdeutschen twarc, twarges = Quarkkäse abgeleitet; die Bedeutung entspricht also vollkommen der Bildung.

Das mittelhochdeutsche männliche Hauptwort ziger für Quark ist noch im Allemannischen, wie Hebel zeigt, erhalten, bedeutet aber jetzt einen ganz weichen, weissen Käse, der durch Er= wärmen abgerahmter Milch gewonnen und mit Salz, Rahm und Kümmel angerührt wird.

Das Eigenschaftswort masig gebraucht Reuter vom Käse, der durchgelegen ist.[1]) Mittelhochdeutsch heißt mâsec gefleckt, und so sieht ja auch durchgelegener Käse aus.

Wie im Schriftdeutschen Brackvieh untaugliches Vieh be= zeichnet, so werden in der schlesischen Mundart ausgestossene, schlechte Schafe Brackschafe genannt. Mittelhochdeutsch heißt bracken als untauglich aussondern.

Das mittelhochdeutsche vaselswin für junges Zuchtschwein hat die Mecklenburger Mundart, wie Reuter[2]) zeigt, bewahrt; sie versteht aber jedes Schwein, welches noch geweidet und dem noch kein Mastfutter gereicht wird, darunter. Mittelhochdeutsch heißt vasel der Fortpflanzung dienend, und das Schriftdeutsche kennt schon Faselhengst, Faselochs und Faselvieh.

Weitverbreitet ist noch das alte mittelhochdeutsche weibliche Hauptwort môre für Muttersau; es findet sich noch in der schlesischen und in der allemannischen Mundart und zwar so= wohl in Baden, wie Hebel zeigt, als auch in der Schweiz, so bei Jeremias Gotthelf.[3])

---

1) II Läuschen 21. — 2) II Läuschen 35. — 3) I Erzählungen, Wie Christen eine Frau gewinnt.

In der Meißner und Leipziger Mundart ist das Wort der Hipperling vorhanden zur Bezeichnung einer verkümmerten Gänsefeder mit weicher, schlecht ausgebildeter Spule und verwachsener Fahne. Möglicherweise kommt das Wort, ähnlich wie das mittelhochdeutsche hupfhan für einen Hahn, der nur hüpfen kann, von hüpfen. Dann würde die Schreibweise Hüpferling sein.

In der Bedeutung mit Gewalt zähmen gebraucht Reuter tamsen[1]); die schriftdeutsche Form hiervon würde zähmsen, also eine Weiterbildung von zähmen sein.

In der Meißner, Leipziger und hallischen Mundart nennt man Mosch den Abfall von Futter. Das dazu gehörige Thätigkeitswort moschen wird zunächst von Tieren gebraucht und heißt: beim Fressen Futter aus der Krippe wühlen und zu Boden fallen lassen. Dann hat es aber auch die allgemeinere Bedeutung: verschwenderisch mit etwas umgehen. Auch vermoschen findet sich in diesem Sinne.

9. Wörter, die sich auf das Arbeiten im allgemeinen beziehen.

Sehr reich sind die Mundarten an Wörtern, die die Art und Weise der Arbeit oder des Arbeitens bezeichnen.

So sind in der West= und Ostmeißner, der Leipziger, hallischen und Altenburger Mundart der Drasch und draschen sehr gebräuchlich. Sie bezeichnen die angestrengte eilige Arbeit und das angestrengte, übereilte Arbeiten. Auch sich abdraschen ist üblich und bedeutet: so arbeiten, dass man dabei ausser Atem kommt. Letztere Bedeutung giebt uns auch einen Fingerzeig für die Ableitung dieser Wörter. Wer außer Atem kommt, schnaubt. Schnauben bedeutet aber auch das mittelhochdeutsche Thätigkeitswort dräsen, das leicht zu draschen werden konnte.

Sehr nahe in der Bedeutung kommt draschen das Thätigkeitswort eschern. Dasselbe findet sich in der West= und Ostmeißner, der Leipziger, der Altenburger, der erzgebirgischen, der vogtländischen und der schlesischen Mundart und bedeutet: derartig arbeiten, dass man warm dabei wird. Besonders

---

1) I Läuschen 3.

sich ereschern hat die Bedeutung sich bei der Arbeit er-
hitzen. Abeschern hingegen deckt sich fast mit abdraschen.
Außer in den schon erwähnten Mundarten findet es sich auch in
der Lausitzer, Wiener und schwäbischen. Grimm leitet es
von Asche ab und erklärt es: sich in Staub und Asche abarbeiten. Da aber in eschern und ereschern hauptsächlich der
Begriff des Warmwerdens liegt, so läßt sich auch an das mittelhochdeutsche Thätigkeitswort eiten für brennen, glühen denken, besonders da die Esse gleichfalls davon abgeleitet wird, und dieses
Wort die mittelhochdeutsche Nebenform esche hat.

Sich bis zur Erschöpfung abarbeiten, so arbeiten,
dass man müde wird heißt in der West- und Ostmeißner, der
Leipziger, der Posener und der Holsteiner Mundart ab-
marachen, in der schlesischen abmaracheln und in der bayerischen marixeln. Im Niederdeutschen bedeutet marachen geräuschvoll arbeiten. Dieses Wort scheint von dem althochdeutschen marag = unserem Mark zu kommen. Die ursprüngliche
Bedeutung würde dann sein: sich bis aufs Mark ermüden.

Sich rackern und sich abrackern heißt dagegen sich mit
Arbeit plagen. Es findet sich in der West- und Ostmeißner,
der Leipziger, der Altenburger, der erzgebirgischen, der
schlesischen, der Posener, der Pfälzer, der Jülicher, der
bayerischen und der österreichischen Mundart, während die Basler die Form raggere und die Mecklenburger, wie Reuter zeigt,
racken hat. Es scheint eine Weiterbildung von recken zu sein,
dann würde es ursprünglich bedeuten: sich bei der Arbeit recken.

Schon das Mittelhochdeutsche hat von schaffen scheften abgeleitet. Eine Weiterbildung hiervon ist das Thätigkeitswort schäf-
tern, wie es in der Meißner, Leipziger und Altenburger
Mundart lautet, oder schaftern, wie die schlesische Form ist. Es
bedeutet: sehr geschäftig sein oder thun. Im Ost- und Westpreußischen heißt scheffern sich unbefugt in etwas mengen.

Für sklavenähnliche harte Arbeit gebraucht Reuter das
Mecklenburger Wort Geslaw,[1] das wäre schriftdeutsch das Ge-
sklave.

Die West- und Ostmeißner, die Leipziger und die erzgebirgische Mundart besitzen eine Weiterbildung von machen: er-

1) II Kein Hüsung.

machen für etwas fertig bringen. Besonders häufig ist nicht ermachen können für trotz gutem Willen und grosser Anstrengung etwas nicht zustande bringen können.

Das im Mittelhochdeutschen balgen, kneten bedeutende Thätigkeitswort knorzen hat jetzt in der Leipziger und Basler Mundart die Bedeutung angestrengt arbeiten bekommen. Es hängt mit knorren zusammen.

Das mittelhochdeutsche Thätigkeitswort urborn hat sich als urbern in der schlesischen und Posener, als urwern und orwern in der Leipziger Mundart erhalten. Die alte Bedeutung tragbar machen, handhaben ist aber in die neuere geräuschvoll handhaben, geräuschvoll geschäftig sein übergegangen. Besonders wird es von dem geräuschvollen Umgehen mit Geräten und Geschirren gesagt. Beurbern hingegen hat im Schlesischen noch die alte Bedeutung bearbeiten.

Ungeschickt zusammenarbeiten, sodass das Ansehen der Arbeit dabei leidet, heißt in der West- und Ostmeißner, der Leipziger und der erzgebirgischen Mundart murksen oder morksen, in der schlesischen bedeutet dieses langsam sein, in der bayerischen grob brechen oder schneiden, in der niedersächsischen Speisen unsauber zurichten.[1]) In der Meißner und Leipziger wird es außerdem aber auch für ungeschickt schlingen und mit murrender Stimme sprechen gebraucht. Der gemeinsame Begriff dieser verschiedenen Bedeutungen ist etwas schlecht ausführen. Es scheint daher von dem mittelhochdeutschen Eigenschaftswort murc für morsch, faul zu kommen.

Die zuletzt genannten Mundarten besitzen auch das Hauptwort Murkserei für schlechtes Arbeiten und eine schlechte Arbeit.

Für schlecht, liederlich, ohne Ernst und Nachdruck arbeiten wird in der West- und Ostmeißner, der Leipziger und der Altenburger Mundart nuddeln, in der Pfälzer noddeln gesagt, besonders an etwas herumnuddeln. Es scheint von dem althochdeutschen hnutten und dem mittelhochdeutschen notten für sich hin und her bewegen abgeleitet zu sein, wovon schon im Mittelhochdeutschen nütteln für schwingend zuschlagen gebildet ist, dann wäre die richtige Schreibweise nutteln.

---

1) Vergl. S 95 norksen.

In der Pfälzer Mundart bedeutet schnuddeln eine Sache durch Eile oder Voreiligkeit verderben, in der West= und Ostmeißner unsauber arbeiten. Letztere zwei Mundarten, sowie die Leipziger haben auch das Eigenschaftswort schnuddlig für einen Menschen, der unsauber arbeitet, so für eine Köchin, dann auch für eine Wirtschaft. — In ihnen ist auch das mittel= hochdeutsche Hauptwort der snudel als Schnudel in seiner alten Bedeutung Nasenschleim erhalten; dann wird es aber auch von Unsauberkeiten, die beim Essen vorkommen, gebraucht, wo= raus erhellt, daß schnuddeln und schnuddlig von ihm herkommen.

Ganz in dem Sinne dieser beiden Wörter gebraucht Reuter muddeln[1]) und muddlig,[2]) während im Schlesischen müdeln langsam arbeiten bedeutet.

Neben dem schon als schriftdeutsch geltenden ruscheln besitzen die West= und Ostmeißner, sowie die Leipziger Mundart noch das Hauptwort die Ruschelei zur Bezeichnung einer oberfläch= lichen und schnellen Arbeit. Da im Ost= und Westpreu= ßischen ruscheln ein wenig Geräusch machen bedeutet, so wird eine Ableitung von rauschen, mittelhochdeutsch rüschen, anzunehmen sein. Beim hastigen Arbeiten entsteht ja gewöhnlich etwas Geräusch.

In der Bedeutung reiben, glätten dürfte fummeln vielleicht schon schriftdeutsch sein, die West= und Ostmeißner, die Leip= ziger, die Henneberger und die Mecklenburger[3]) verwenden es aber auch in der von unverständig und zwecklos an etwas reiben. Besonders gebräuchlich ist herumfummeln. Das Wort scheint einem uralten Stamme entsprossen zu sein, da sich im Englischen fumble und im Schwedischen fumla in ähnlicher Bedeutung findet.

Für langsam arbeiten, mit der Arbeit nicht recht vom Flecke kommen sagt man in der West= und Ost= meißner, sowie in der Leipziger Mundart bumbeln, welches mittelhochdeutsch baumeln, hin und herstossen bedeutet. Bumbelei bezeichnet ein derartiges Arbeiten, und bumbelig ist ein Mensch, der so arbeitet. Diese Wörter werden besonders auf Handwerker, wie Maurer, angewendet. Davon kommt dann verbumbeln: etwas versäumen, weil man bumbelig ist. — Der Bumbel

---

1) VI Stromtid I, 2. Das olle Frauenzimmer mubbelt mich da ümmer allerlei unnatürliche Geschichten zusammen.

2) II Läuschen 48.

3) Reuter II Läuschen 49.

ift ein unbeholfener, langsamer Mensch, der hin und her
baumelt.

In der Meißner und Leipziger Mundart ist ein Thätig=
keitswort aalen vorhanden, welches bedeutet im Geschäft der
Arbeit aus dem Wege gehen, sich darum herumwinden.
Auch herumaalen wird so gebraucht. Besonders von Soldaten
wird ein Posten, bei dem wenig zu thun ist, ein Aal genannt,
so der Zielerposten beim Schießen. Es scheint daher aalen von
Aal abgeleitet zu sein und ursprünglich den Sinn zu haben: wie
ein Aal entschlüpfen.

In denselben Mundarten findet sich herumständern mit
der Bedeutung bei einer Arbeit, wie bei einem Baue, bald da
bald dort stehen, ohne selbst mit zuzugreifen. Im Mittel=
hochdeutschen ist ein männliches Hauptwort standener und stentner
vorhanden und bedeutet das Ständchen, das Stehenbleiben besonders
auf der Gasse, um zu plaudern.

Das Thätigkeitswort lungern für verlangen dürfte als schrift=
deutsch gelten, da Bürger sich seiner bedient, noch nicht aber
herumlungern, das in der West= und Ostmeißner, der Leip=
ziger und schlesischen Mundart für das müssige Herum=
treiben, um etwas wie einen leichten Verdienst, einen Fund u. dergl.
zu erschnappen, gesagt wird. Es ist eine Weiterbildung vom
althochdeutschen lungar, mittelhochdeutschen lunger: hurtig und hängt
mit Lunge zusammen.

Basteln, wofür die Mundarten meist bästeln haben, hat schon
G. Freytag gebraucht; die West= und Ostmeißner, sowie die
Leipziger Mundart haben aber außerdem noch die Bästelei zur
Bezeichnung einer Handarbeit, die man aus Liebhaberei ver=
richtet. Basteln und Bästelei scheinen von dem mittelhochdeutschen
besten für binden, knüpfen, schnüren zu kommen.

10. Wörter für Thätigkeiten mit der Hand, die nicht
von einem bestimmten Berufskreise ausschließlich ausgeübt
werden.

Das mittelhochdeutsche weibliche Hauptwort talpe für Tatze,
Pfote hat sich in der West= und Ostmeißner, der Leipziger,
der hallischen und der Basler Mundart in der Bedeutung
grosse, ungeschickte Hand erhalten. Die Mundarten haben

aber davon weiter talpen für ungeschickt greifen und betalpen für ungeschickt betasten abgeleitet und nennen einen Menschen, der dieses thut, einen Talps. In gleicher Bedeutung wie talpen findet sich bei Reuter die Weiterbildung mit s talpsen, im Schlesischen talken.

In den beiden Meißner Mundarten, sowie in der Leipziger ist neben betalpen noch eine Ableitung von dem schriftdeutschen grapsen: begrapschen üblich; schriftdeutsch müßte es begrapsen lauten. Während betalpen das ungeschickte Begreifen mit der ganzen Hand bezeichnet, bedeutet begrapsen das mit den Fingern.

Das mittelhochdeutsche knitschen für quetschen, welches jedenfalls aus knäten weitergebildet ist, haben noch als knietschen die beiden Meißner Mundarten, die Leipziger und die schlesische, als knutsche die Thüringer, als knötschen die schwäbische und als knautschen die Berliner. Es bedeutet: mit der Hand etwas zusammendrücken und dadurch zerkneten oder zerknittern. Das erzgebirgische knutschen und das Pfälzer knötschen heißt dagegen tölpisch betasten. Von zerknietschen ist jedoch die Bedeutung erweitert worden; es deckt sich jetzt mit dem schriftdeutschen zerknittern und zerknüllen, braucht also nicht bloß mit der Hand zu geschehen.

Das Mittelhochdeutsche hat von dem Hauptworte Wurst ein Thätigkeitswort wursten für Würste machen abgeleitet. Hiervon besitzen die beiden Meißner Mundarten und die Leipziger eine Weiterbildung mit der Verkleinerungssilbe el wursteln in der verallgemeinerten Bedeutung liederlich zusammenrollen.

In der Leipziger Mundart ist ein Thätigkeitswort bolken vorhanden und bedeutet in etwas, besonders in Körperteilen, wie Ohr, Nase, mit dem Finger bohren oder stochern. Es ist nicht unwahrscheinlich, daß bolken mit dem mittelhochdeutschen starken Thätigkeitswort belgen für aufschwellen zusammenhängt, zumal da im Mittelhochdeutschen die Bildungen bolgen und erbolgen vorhanden sind. Die ursprüngliche Bedeutung von bolken wäre dann zum Anschwellen bringen, böse machen, was ja leicht durch ein derartiges Bohren mit den Fingern geschieht.

Eigentümlicherweise hat das von knüpfen mit der Silbe el abgeleitete knüppeln, welches die beiden Meißner Mundarten, die Leipziger und die Basler für derb, fest knüpfen besitzen, eine verstärkte Bedeutung angenommen. Verknüppeln bedeutet in den soeben erwähnten Mundarten etwas so verknüpfen, dass es nicht leicht wieder aufgeknüpft werden kann; aufknüppeln dagegen einen derartigen Knoten mühsam wieder auflösen.

In der Leipziger und hallischen Mundart heißt knitten: beim Stricken Maschen mit der verkehrten Seite nach aussen machen, in der niedersächsischen dagegen stricken, wie auch das englische knit. Aus dem Umstand, daß dieses Thätigkeitswort im Englischen vorhanden ist, geht hervor, daß es sehr alten Ursprungs ist. Es ist jedenfalls mit Knoten verwandt.

Die Pfälzer Mundart drückt das Befestigen mit Stocknadeln durch schpelle, das wäre schriftdeutsch spellen, aus, während Schpell die Stocknadel bedeutet. Sehr wahrscheinlich ist es, daß diese Wörter mit dem mittelhochdeutschen männlichen Hauptworte spil für die Spitze zusammenhängen.

Das Thätigkeitswort bitzeln bedeutet in der West- und Ostmeißner, der Leipziger, der erzgebirgischen, der Pfälzer, der Elsässer und der österreichischen Mundart: unnütz an etwas schneiden, so besonders herumbitzeln an etwas, zerbitzeln dagegen: in kleine Stückchen zerschneiden und verbitzeln: durch Schneiden verunstalten, so einen Rock verbitzeln für falsch zuschneiden. Das Schlesische hat die Form verpützeln. Dieses Wort scheint von dem mittelhochdeutschen bitzen, welches für beissen vorkommt, abgeleitet zu sein; denn beissen und schneiden sind sinnverwandt.

Schon das Mittelhochdeutsche hat von stürn, welches stochern heißt, die Weiterbildung stürlen. Letztere hat sich als stirlen und sterlen in den beiden Meißner, der Leipziger, der Altenburger, der Thüringer und der erzgebirgischen Mundart erhalten und bedeutet in etwas herumrühren, so im Feuer, in einem Wespennest, ferner Äpfel von den Bäumen sterlen. Schriftdeutsch müßte es stürlen lauten. Ein zum „Stürlen" dienendes Holz oder Eisen nennt man einen Sterl, das wäre schriftdeutsch Stürl, welches Wort sich als stürel gleichfalls schon im Mittelhochdeutschen findet.

In der schlesischen Mundart bedeutet stankern: mit einer Stange worin rühren, was offenbar eine Ableitung von Stange ist.

11. Tragen.

Im Erzgebirgischen wird der Strick oder das Band, womit man etwas trägt, Tràsl genannt, dieses Wort besteht jedenfalls aus tragen und der Bildungssilbe sel; es müßte daher schriftdeutsch Tragsel heißen.

12. Wörter für Gehen, Hüpfen und Gleiten.

Sehr mannigfaltig sind die Ausdrücke der Mundarten für die verschiedenen Arten des Gehens; und doch wird selten in ein und derselben Mundart eine ganz gleiche Art durch verschiedene Wörter bezeichnet. Dem oberflächlich Betrachtenden erscheint dieses allerdings häufig so; wer genauer hinsieht, wird oft zwischen scheinbar sich deckenden Wörtern feine Unterschiede bemerken, welche sich in der Schriftsprache nur durch schwerfällige Umschreibungen wiedergeben lassen.

A. Allgemeine Ausdrücke.

Das Eigenschaftswort beinig besitzt die Schriftsprache nur in Zusammensetzungen wie zweibeinig, dreibeinig, vierbeinig; die Mecklenburger Mundart hat noch die einfache Form und zwar in der Bedeutung gelenkig mit den Beinen, wie Reuter[1]) zeigt.

Das Schlesische hat von Bein das Thätigkeitswort beinern für die Beine rasch bewegen abgeleitet.

Während unsere Schriftsprache das Eigenschaftswort gangbar nur noch in übertragener Bedeutung hat, gebraucht es Reuter in der ursprünglichen: im stande zu gehen, so von kleinen Kindern, welche laufen können.[2]) Mittelhochdeutsch heißt ungangbaere steif.

B. Langsames Gehen.

Von ziehen hat das Mittelhochdeutsche zocken gebildet, welches dasselbe im verstärkten Grade bedeutet. Von letzterem Thätigkeitswort besitzt die Jülicher Mundart ein mit der Verkleinerungssilbe el abgeleitetes zöckeln. Es erinnert dieses an das althochdeutsche

---

1) II Läuschen 51. — 2) Olle Kamellen I, 1: sei was noch nich gangbor.

zokel und das mittelhochdeutsche zockel für Holzschuh Wie dieses
Wort ist es auf das Gehen übertragen worden und bedeutet lang
sam gehen, zögernd hinter jemand hergehen.

Das mittelhochdeutsche krüpel, schriftdeutsch Krüppel, hat in
den beiden Meißner Mundarten und der Leipziger die Gestalt
von Kripel oder Kröpel; hiervon haben diese nun Kröpelei oder
Krepelei abgeleitet für das Gehen in einem winkligen Gebäude
mit schlechten Treppen, wo es sich schlecht gehen lässt, ferner
wenigstens die beiden Meißner Mundarten das Eigenschaftswort
kriplich oder kräplich, welches von einem unebenen, infolge von
Steinen und Wurzeln schwer und nur langsam zu begehenden
Wege gesagt wird. Die hochdeutschen Formen hiervon würden
Krüppelei und krüppelig sein. — Außerdem findet sich aber
auch in den Meißner Mundarten und in der Leipziger ein
Thätigkeitswort in den verschiedenen Formen kröpeln, krepeln und
kräpeln; in letzterer hat es auch der mecklenburgisch schreibende
Reuter, während in der schlesischen Mundart gräpeln vorhanden
ist. In den Meißner Mundarten bedeutet nun kräpeln: infolge
des schlechten Weges oder der schlechten Treppen mühsam
und langsam gehen, so sagt man auch einen Berg hinauf-
und hinunterkräpeln. Dieses scheint die ursprüngliche Bedeutung des Wortes zu sein. Die bei Reuter: sich mit Anstrengung langsam bewegen[1]) ist allgemeiner; die aber in
den Meißner Mundarten und in der Leipziger noch vorhandene:
sich mühselig in Bezug auf Geld oder Gesundheit hin-
schleppen wohl die übertragene. In der Leipziger Mundart
bedeutet kräpeln außerdem noch allerhand kleine Arbeiten
verrichten.

Das Ausgehen mit schwankenden Beinen, wie es
Genesende nach einer Krankheit thun, bezeichnet Reuter mit ut-
stümpern,[2]) das wäre in schriftdeutscher Form ausstümpern.
Im Mittelhochdeutschen bedeutet nämlich stümper auch Schwächling.
Das davon abgeleitete Thätigkeitswort hat daher ursprünglich die
Bedeutung gehen wie ein Schwächling.

Schlottrig gehen geben die Leipziger und die schlesische
Mundart durch zumpeln.

---

1) II Läuschen 49: un kräpelt naß den Hof. -- 2) III Olle Kamellen I, 1:
as if all so'n beten utstümpern kunn.

Mit dem schriftdeutschen hapern ist jedenfalls das in den Meißner Mundarten und der Leipziger gebräuchliche hapeln verwandt. Es bedeutet ungeschickt gehen, sodass man nur langsam vorwärts kommt, so sagt man besonders: über die grosse Zehe hapeln.

In den zuletzt erwähnten Mundarten heißt hampeln: unsicher schwankend gehen aus Furcht, das Gleichgewicht zu verlieren. Es scheint von dem mittelhochdeutschen hamen für hemmen zu kommen. Ob es mit dem niederdeutschen für mit Händen und Beinen zappeln gebrauchten ampeln zusammenhängt, ist fraglich.

In den beiden Meißner Mundarten, der Leipziger und der Mecklenburger bedeutet das Thätigkeitswort staken: steif und langsam mit grossen Schritten einherschreiten; so giebt es die Redensart: Er stakt wie der Hahn auf dem Miste. Besonders wird es bei Leuten angewandt, die lange, dürre Beine haben. In der Leipziger Mundart nennt man die Beine, besonders wenn sie unartig ausgestreckt sind, Staken, welches Wort im Dithmarschischen und im Ost- und Westpreußischen Holzstange bedeutet und mit dem holländischen staak sowie mit dem englischen stake, angelsächsisch stace, für Pfahl verwandt ist. Hieraus erhellt, daß die Bedeutung Pfahl, Stange die ursprüngliche ist, dann aber auf die Beine übertragen wurde, und auch staken für deren Thätigkeit in Gebrauch kam. Es kommt von derselben Wurzel wie stechen.

C. Schnelles Gehen oder Hüpfen.

Das mittelhochdeutsche jöuchen für jagen, treiben hatte bereits die Nebenform jechen. Diese ist noch in der West- und Ostmeißner, der Leipziger und der Altenburger sowie der schlesischen Mundart bewahrt und ist in der Bedeutung stärker als jagen.

Hiervon sind nun in den Mundarten einige Weiterbildungen vorhanden, so jachern in der ost- und westpreußischen, jachtern in der Leipziger und Thüringer und jädern in der schlesischen, und zwar bedeuten sie wiederholt herumrennen, sind also unbezüglich, während jechen bezüglich ist.

Das von Stösser, der Habicht, abgeleitete Thätigkeitswort stössern gebraucht die schlesische Mundart in dem Sinne: sich wie ein Stösser stossweise fortbewegen; — desgleichen das von Bock abgeleitete böckern für springen wie ein Bock.

Von dem mittelhochdeutschen gumpen für hüpfen, springen rührt das von Hebel gebrauchte allemannische Eigenschaftswort **gumperig** her. Mir ist gumperig bedeutet: Ich bin zum Springen aufgelegt, mir kommt's in die Beine.

Von hüpfen besitzen die beiden Meißner und die Leipziger Mundart zwei Weiterbildungen, eine verstärkende und eine verkleinernde. Erstere ist **hopsen** für grosse Sprünge machen; dieses Wort kennt auch das West= und Ostpreußische. Die verkleinernde Weiterbildung ist **hippeln** für ganz kleine Sprünge machen, welches auch Reuter hat. Schriftdeutsch müßte es hüpfeln lauten. Im Holländischen findet sich hobbelen und huppelen

Zu dem mittelhochdeutschen männlichen Hauptworte **tappe** für ungeschickter Mensch gehört das schriftdeutsche **tappen** für ungeschickt nach etwas greifen. Die Mundarten besitzen noch mehr Ableitungen zur Bezeichnung des ungeschickten Gehens, so die beiden Meißner, die Leipziger, die Thüringer, die schwäbische und die Elsässer **tüppeln**, welches seiner Bildung mit der Verkleinerungssilbe el gemäß kleine aber schnelle Schritte machen, wie Kinder, die erst das Laufen gelernt haben, bedeutet. In der Pfälzer hat dieses Wort die Bedeutung auf den Zehen gehen bekommen.

Dagegen bedeutet in dieser **dabble** oder auch **mitdabble**, welches schriftdeutsch tappeln sein würde: in der Einfalt und gedankenlos mitgehen oder etwas mit anderen thun.

D. Störendes Gehen.

Eine andere Weiterbildung von tappen ist **tappsen**, dessen sich die West= und Ostmeißner, die Leipziger und die Berliner Mundart bedienen, um das starke, ungeschickte, geräuschvolle Auftreten zu bezeichnen; so wird es besonders von dem geräuschvollen Gehen der Kinder gesagt, die zum ersten Mal Stiefel tragen. — Im Erzgebirgischen ist ein **Tapsl** eine leichte Fussspur von einem Menschen oder einem Tiere.

Das Thätigkeitswort **sappen** hatte ungefähr dieselbe Bedeutung im Mittelhochdeutschen, die jetzt in den Mundarten tappsen hat, nämlich plump und schwerfällig einhergehen. In den beiden Meißner und der Leipziger Mundart bedeutet es dagegen jetzt: mit schmutzigen Beinen, Schuhen, welches auch Filz=

ö*

ſchuhe ſein können, oder Stiefeln derartig auftreten, dass schmutzige Spuren bleiben. Letztere nennt man dann Sappen [Einzahl eine Sappe]. Wer mit Stiefeln durch das Zimmer geht, die ſoeben vom Schuhmacher gekommen ſind, und an die er ſich noch nicht gewöhnt hat, tappſt gewöhnlich, kann aber nimmermehr ſappen.

Von demſelben Stamme wie unſer Eigenſchaftswort quer, welches mittelhochdeutſch twër lautet, kommt das mittelhochdeutſche Thätigkeitswort twirhen für quer, verkehrt gehen. Hiervon be= ſitzen die beiden Meißner, die Leipziger, die Altenburger und die erzgebirgiſche Mundart eine Ableitung mit der Verkleinerungs= ſilbe el, in der natürlich ebenfalls wie in quer tw zu qu geworden iſt: quärcheln mit der Bedeutung jemandem in die Quere kom= men, ihm im Wege herumlaufen. Schriftdeutſch müßte dieſes Wort die Geſtalt von quircheln annehmen Ein derartiges Gehen nennt man in den erwähnten Mundarten eine Quärchelei, das wäre ſchriftdeutſch Quirchelei.

E. Reiſen.

In der Weſt= und Oſtmeißner, ſowie der Leipziger Mund= art heißt die Vetternstrasse gehen oder ziehen: auf Reisen jeden Verwandten und Bekannten aufsuchen, um billiger zu leben.

In der Leipziger und halliſchen Mundart iſt ein von Bote abgeleitetes Umſtandswort botisch vorhanden, und zwar bedeutet in letzterer botisch laufen: um Botenlohn laufen, in erſterer: wie ein Eilbote laufen. Jenes iſt wahrſcheinlich die urſprüng= liche, dieſes die übertragene Bedeutung.

F. Bewegungen auf dem Eiſe oder in dem Waſſer.

Sehr mannigfaltig ſind die Ausdrücke, um das Gleiten auf dem Eise ohne Schlittschuhe zu bezeichnen, ſo in den Meiß= ner Mundarten, der Leipziger und der halliſchen zuscheln oder schuscheln, in der vogtländiſchen glännern oder ru= scheln, in der Elſäſſer schlimern oder klendern, in der oſt= fränkiſchen schleimern, in der Pfälzer klennen, in der Lau= ſitzer und erzgebirgiſchen schindern, in der öſterreichiſchen schlipfezen, in der Braunſchweiger schlickern u. a. Die meiſte Ausſicht, ſchriftdeutſch zu werden, ſcheint das ſchleſiſche

glittern zu haben, da es sich deutlich als eine verstärkende Weiter=
bildung von gleiten zu erkennen giebt.

Patschend im Wasser herumwaten heißt in den beiden
Meißner und der Leipziger Mundart watschen, was ohne
Zweifel eine verstärkende Weiterbildung von waten ist.

13. Reiten.

Von dem mittelhochdeutschen schocken für schaukeln rührt
jedenfalls das in mehreren Mundarten vorhandene schacken und
schackern her. In den Meißner Mundarten und der Leipziger
bezeichnet dieses Thätigkeitswort noch die schwankenden, schau=
kelnden Bewegungen, die der Reiter beim Schnellreiten macht,
selbst wenn er gut zu reiten versteht. Dies scheint die ursprüng=
liche Bedeutung des Wortes zu sein, während die der Pfälzer
Mundart schnell reiten und die der Koblenzer und Jülicher
schlecht reiten sich leicht daraus entwickeln konnten. — Außer=
dem hat aber schacken in der Leipziger, hallischen, Thü=
ringer und hessischen und schackia in der schlesischen Mund=
art die Bedeutung sich überall herumtreiben.

Schlecht reiten, hüpfende Bewegungen auf dem Pferde
machen, als ob man herunterfallen wollte, geben dagegen die bei=
den Meißner Mundarten, die Leipziger und die schwäbische
durch huppeln, was offenbar mit der Verkleinerungssilbe el von
hüpfen abgeleitet ist; in der schlesischen hat jupeln und jokeln
ähnliche Bedeutung.

14. Fahren.

Rattern oder raddern heißt in der West= und Ostmeißner,
der Leipziger, der Altenburger und der erzgebirgischen
Mundart schnell und lärmend fahren. Dieses Wort ist ent=
weder abgeleitet von rateln, der niederdeutschen Form von unserm
rasseln, oder von dem mittelhochdeutschen raden für sich als Rad
drehen.

Von dem mittelhochdeutschen hotten für fahren ist hotteln
mit der Verkleinerungssilbe el abgeleitet, welches sich in den beiden
Meißner Mundarten und der Leipziger vorfindet und zwar für
schlecht und langsam fahren, besonders wenn das Pferd alt
ist; dieses heißt dann auch ein altes Hottchen.

Mit Kräpel für Krüppel ist Kräppelfuhre oder auch Kröpel-
fuhre zusammengesetzt, womit in den zuletzt erwähnten Mundarten
ein schlecht oder schiefgeladenes Fuder bezeichnet wird. Die
schriftdeutsche Form wäre also Krüppelfuhre.

15. Bewegungen des ganzen Körpers.

Flitzen bedeutet bei Reuter pfeilschnell bewegen[1])
Mittelhochdeutsch ist ein flitzeboge ein Bogen zu leichten Pfeilen,
holländisch flits Wurfspiess, flitsboog Armbrust.

Das mittelhochdeutsche Eigenschaftswort vipperic für der viper
(Schlange) gleich hat gleichfalls Reuter, und zwar bezeichnet es
einen Menschen von unangenehm tändelnder, hüpfender
Bewegung oder einen Rock, der solche Bewegungen zuläßt;[2]) schriftdeutsch würde es in Anlehnung an Viper viperig lauten müssen.

Die Leipziger, sowie die West- und Ostmeißner Mundart
besitzen ein Eigenschaftswort fipperig für unansehnlich, zu klein.
Jedenfalls ist dieses dasselbe wie Reuters fipprig, nur in übertragener Bedeutung. — Außerdem hat die Leipziger noch ein
Thätigkeitswort fippern für unstät umherfahren besonders
im Sitzen.

Für sich wiegend beim Tanze bewegen sagt Reuter
wiwaken.[3]) Es ist dieses wohl eine Zusammenziehung aus dem
mittelhochdeutschen wigen, wagen, das ähnlich gebraucht wird.

· Mit köpeln bezeichnet man in der West- und Ostmeißner,
der Leipziger, erzgebirgischen und Berliner Mundart das
Wackeln mit dem Stuhle, auf dem man sitzt. Es kommt jedenfalls von dem mittelhochdeutschen kippen = schlagen, stossen.

Von dem mittelhochdeutschen wappen für in zitternder Bewegung sein ist das schlesische wappeln mit der Verkleinerungssilbe el abgeleitet; dieses bedeutet in hüpfender Bewegung
sein namentlich von fleischigen Teilen.

16. Liegen und Stehen.

In der West- und Ostmeißner, sowie in der Leipziger
Mundart heißt hüscheln: sich im Bett so zusammenducken,

---

1) II Läuschen 55. — 2) II Läuschen 19. — 3) III Reise n. Belligen

dass man Arme und Beine dicht an den Körper anschmiegt, um sich zu erwärmen. Es scheint eine Ableitung vom mittelhochdeutschen hüchen für sich ducken zu sein, wie auch hüschern, welches in den beiden Meißner Mundarten und der schlesischen für sich der Wärme wegen zusammenlegen oder kauern gesagt wird und zwar in Bezug auf mehrere Menschen oder Tiere.

Von einem einzelnen, der sich vor Kälte gedrückt zusammenkauert, heißt es dagegen in den Meißner Mundarten und der Leipziger zusammenhiwwern. Es wäre nicht undenkbar, daß dieses Wort von hûwe und hiuwe, welches mittelhochdeutsch Nachteule bedeutet, herkäme, und sein ursprünglicher Sinn wäre: wie eine Nachteule am Tage dasitzen. Doch gehört es wohl zu dem althochdeutschen hiufan trauern und müßte dann zusammenhiefern in der Schriftsprache lauten.

Mittelhochdeutsch heißt ranken sich hin und her bewegen, strecken. Die West- und Ostmeißner, die Leipziger, Altenburger und erzgebirgische Mundart besitzen davon eine Weiterbildung mit er: rankern mit verstärkter Bedeutung nämlich unruhig liegen oder sitzen.

Die Dithmarscher Mundart hat dagegen von der im Niederdeutschen noch vorhandenen Form rangen mit der Verkleinerungssilbe el rangeln abgeleitet, welches seiner Bildung entsprechend sich im Liegen behaglich hin und her wenden bedeutet.

Das schriftdeutsche haspeln hat in den beiden Meißner und der Leipziger die übertragene Bedeutung mühsam aufstehen bekommen, oder auch sich mühsam aus etwas (wie einem Graben) herausziehen. Aufhäspeln bedeutet öfters Krankheitsfälle glücklich überstehen.

Von Zehe haben die Leipziger und die hallische Mundart zehkeln abgeleitet in der Bedeutung auf die Zehen treten; im Niedersächsischen findet sich in derselben Bedeutung zuckeln.

17. Bewegungen des Kopfes.

Mit dem Kopf an etwas stossen bedeutet in der West- und Ostmeißner, der Leipziger und der schwäbischen Mundart dutzen, was jedenfalls das mittelhochdeutsche tuzzen für pressen, drücken ist.

Für mit dem Kopfe schütteln hat Reuter die Zusammen=
setzung schüddköppen,[1]) was schriftdeutsch schüttelköpfen lauten
müßte.

18. Haus und Hauswesen.

Der Bürgerstieg, das ist der an den Häusern hinfüh=
rende Fußweg, heißt in der West= und Ostmeißner Mundart
Heiste. Wahrscheinlich ist dieses Wort von Haus abgeleitet und
müßte dann schriftdeutsch Häuste oder auch Häusde lauten; in den
erwähnten Mundarten wird nämlich äu wie ei gesprochen.

In der Leipziger Mundart wird die Stange, welche sich
an der Mauer längs der Treppen befindet und zum Anhalten
dient, die Anhalte genannt.

Die schon mittelhochdeutsch vorhandenen Wörter ovenstein und
ovenstange sind als Ofenstein und Ofenstange noch im Schle=
sischen gebräuchlich; ersteres Wort bezeichnet die steingepflasterte
Umgebung des Ofens, letzteres die Stange, welche an dem
Ofen zum Trocknen angebracht ist.

Beikastel heißt in der erzgebirgischen und schlesischen
Mundart ein kleines Fach für Schmucksachen an der Innen-
seite der Lade oder Truhe; — inkasteln in der schlesischen
etwas in einen Kasten einpacken.

Das in den Mundarten vorhandene gokeln für mit Licht
und Feuer spielen ist nur die mundartliche Nebenform von
gaukeln, das sich schriftdeutsch in derselben Bedeutung schon findet.
Noch nicht ist dieses aber der Fall bei Gokellampe, wie in den
beiden Meißner und der Leipziger Mundart eine kleine
Lampe, die zum Umhergehen in Haus oder Küche dient, genannt wird. Die Schriftsprache müßte dafür Gaukellampe sagen.

Dieselben Mundarten haben das zusammengesetzte Hauptwort
Ziehzeit zur Bezeichnung der gewöhnlichen Zeit des Woh-
nungswechsels.

Zimmer dagegen, welche durch längeren Gebrauch un-
wohnlich geworden sind, bezeichnen sie als verwohnt; — während
sie Sachen, die längere Zeit dem Staube ausgesetzt sind und
von einer Staubdecke überzogen worden, verdreckern lassen.

---

1) II Läuschen 35: hei schüdbtöppt fürchterlich.

Unter Schauerchen verstehen sie ein kleines Feuer im Ofen. Dieses Wort hängt möglicherweise mit schürn, welches mittelhochdeutsch entzünden bedeutet, oder auch mit schüren, das mittelhochdeutsch in der Bedeutung brausen vorkommt, zusammen.

19. Kinderpflege.

Einwochen heißt in der schlesischen Mundart sich in die Kindbettwochen legen; — eintragen in der erzgebirgischen als Hebamme das Kind von der Mutter bringen.

Für kleine Kinder sind in den Mundarten verschiedene Bezeichnungen üblich. So heißt in der schlesischen Mundart ein Kind, das soeben sein erstes Lebensjahr vollendet hat, ein Jahrkind.

Ein Kind, das für sein Alter klein geblieben ist, nennen die beiden Meißner, die Leipziger, die Thüringer und die schwäbische Mundart einen Buz. Dieses Wort scheint das mittelhochdeutsche butze = Kobold zu sein. Die Kobolde werden meist als Zwerge gedacht, und ein Wort, das für letztere angewendet wurde, konnte leicht auf ein unnatürlich kleines Kind übertragen werden. Oder sollte Buz von dem früher erwähnten butten[1]) kommen?

Ein kleines täppisches spassiges Kind, das leicht fällt, wird in der West= und Ostmeißner, der Leipziger, der erzgebirgischen und der Elsässer Mundart ein Purzel genannt, was zu purzeln zu gehören scheint; denn dieses Wort kommt schon mittelhochdeutsch für fallen vor.

Von dem mittelhochdeutschen zücken, zucken für schnell und mit Gewalt ziehen, ist das von Nadler gebrauchte Pfälzer Wort zuckle, schriftdeutsch zuckeln, für in kleinen Zügen und öfter saugen eine Weiterbildung mit der Verkleinerungssilbe el, und dementsprechend ist auch die Bedeutung abgeschwächt.

Die West= und Ostmeißner, sowie die Leipziger Mundart besitzen ein Thätigkeitswort bi- schen, welches bedeutet ein in Bettchen gebundenes Kind auf den Armen schaukeln. Hat diese Thätigkeit den Zweck, das Kind einzuschläfern, so sagt man einbischen, während das Kind, welches noch in Betten gebunden wird, Bischekind, und das Bett, in welches es

---

1) S. 69.

gebunden ist, Bischebett heißt. Möglicherweise hängt bischen mit dem mittelhochdeutschen biuschen, schlagen, klopfen zusammen; beim „Bischen" pflegt man öfter mit der Hand leicht an das Bett zu klopfen. Dann wäre das Wort als büschen in die Schrift= sprache aufzunehmen.

In denselben Mundarten und auch in der Berliner wird schuckeln besonders für ein wenig an dem Korbe, in welchem das Kind liegt, oder an der Wiege wackeln gesagt. Offenbar ist dieses eine Weiterbildung mit der Verkleinerungssilbe el von schocken, welches mittelhochdeutsch schaukeln bedeutet.

In der West= und Ostmeißner, der Leipziger, der erz= gebirgischen, der Berliner und der Mecklenburger[1]) Mund= art giebt es ein Thätigkeitswort eien für liebkosend streicheln, wie es Erwachsene mit Kindern und Kinder mit Erwachsenen thun. Im Schlesischen findet sich dafür aizen, im Holländischen aaijen. Ersteres hat auch ein Hauptwort dieses Stammes die Aize für die streichelnde Liebkosung. Es sind dieses jeden= falls Ableitungen von dem mittelhochdeutschen Empfindungswort ei, eia, welches Freude und Verwunderung ausdrückt.

Das alte Wort das gemäl für einen durch ein besonderes Zeichen bezeichneten Ort hat sich noch im Schlesischen im Kinder= munde erhalten. Das Gemale ist der Ort, welcher beim Haschen und Verstecken als sichere Zuflucht gilt.

Für mit Feuer oder Licht spielen, es ohne Zweck und aus Spielerei anzünden gebraucht Nadler das Pfälzer zündle, was schriftdeutsch zündeln lauten würde. Dieses Wort ist mit der Verkleinerungssilbe von zünden abgeleitet und viel bezeichnender als das selten im gleichen Sinne gebrauchte schriftdeutsche gaukeln nebst seiner häufigeren mundartlichen Nebenform gokeln. — Eine der= artige Spielerei nennt dann Nadler ein Gezündel.

20. Kleidung.

Ein von Lumpen gebildeter Mengname: das Gelumbe, oder richtiger Gelumpe, bezeichnet in den beiden Meißner und der Leipziger Mundart eine schlechte schadhafte Kleidung.

Ein dünnes dürftiges Kleidungsstück besonders des weiblichen Geschlechtes heißt in der West= und Ostmeißner, der

---

1) IV Hanne Nüte 16.

Leipziger, der Posener und Berliner Mundart ein Gliftchen
oder Klüftchen, in der Schlesischen Kluftel, in der Elsässer
Klüftel, in der Österreicher Glüfterl. Offenbar hängt dieses
Wort mit klaffen zusammen, sodaß es zunächst eine klaffende, für
die Kälte keinen Schutz bietende Kleidung bezeichnet. Mög=
licherweise ist es von Kluft abgeleitet.

In der Leipziger Mundart ist eine Weiterbildung von
hübsch, nämlich das Thätigkeitswort anhübschen vorhanden für
sich hübsch anziehen, die Sonntagskleider anlegen.

Von dem mittelhochdeutschen und schriftdeutschen Thätigkeits=
wort worgen ist worgsen abgeleitet, welches in der West= und
Ostmeißner sowie der erzgebirgischen Mundart bedeutet etwas (ein
Tuch und dergl.) liederlich um den Hals schlingen, sodass
es aussieht, als wollte man sich erwürgen. Außerdem kommt aber
worgsen in diesen Mundarten und auch in der schlesischen wie
worgen für schwer an etwas schlingen vor.

Mit dem von schlappen abgeleiteten Hauptwort Schlapps
bezeichnet man in der Leipziger, Thüringer und Vogtländer
Mundart zunächst einen schlottrig gekleideten Menschen,
dann aber überhaupt einen Tölpel. Dies Wort ist auch im
Niederdeutschen vorhanden als Slaps.

Während das von dem mittelhochdeutschen slump abgeleitete
einfache Thätigkeitswort schlumpen schon schriftdeutsch ist, wird das
in den beiden Meißner Mundarten und der Leipziger vor=
kommende verschlumpen noch nicht als solches gebraucht. Es
bedeutet seine Kleider hauptsächlich durch nachlässiges Tragen und
durch Unachtsamkeit auf Schmutz, Staub u. dergl. verderben und
herunterreissen.

Von Staat in der Bedeutung Putz ist verstaaten abgeleitet,
welches in den soeben erwähnten Mundarten viel Geld für
Kleidung ausgeben bedeutet.

Das mittelhochdeutsche Thätigkeitswort brämen, welches die
Schriftsprache noch in verbrämen hat, ist in seiner einfachen Gestalt
als brämen noch in der Leipziger Mundart erhalten und
zwar zunächst in der Bedeutung zucken mit den Augenbrauen, seiner Verwandtschaft mit bräme die Augenbrauen ent=
sprechend, dann aber auch von Sachen fest halten, nach
längerem Tragen noch kein Anzeichen aufweisen, dass sie bald
zerreissen würden.

In dieser Mundart ist auch ein Thätigkeitswort behämmeln vorhanden mit der Bedeutung Schuhe, Stiefel, Beinkleider, Röcke sich unten beschmutzen. Der dadurch entstehende Schmutz= rand heißt in der Harzer und Magdeburger Mundart ein Hammel. Diese Wörter scheinen von dem mittelhochdeutschen ham für Kleidung zu kommen.

21. Wäsche.

Das mittelhochdeutsche zieche für Überzug, Kappe eines Kopfkissens hat sich noch in der West= und Ostmeißner, der Leipziger, der hallischen, der thüringischen, der erzgebir= gischen, der bayerischen, der schwäbischen und der Basler Mundart, sowie im Niederdeutschen erhalten. Da das hollän= dische tijk und das englische tick, welche dieselbe Bedeutung haben, jedenfalls auch dasselbe Wort auf niederdeutscher Lautstufe ist, so haben wir hier ein sehr altes Wort vor uns; althochdeutsch lautet es ziahha.

Ein feines Betttuch, das vorgesteckt wird, heißt im Schlesischen eine Vorstecke, was dem im Meißnischen dafür üblichen Vorstecketuch vorzuziehen ist.

Im Erzgebirgischen wird die in einer Truhe geborgene Aussteuer der Braut an Wäsche Trungrat, das wäre schrift= deutsch Truhengerät genannt.

Mit Stielseife bezeichnet man in der Leipziger Mundart die zur Wäsche bestimmte klar geschnittene Seife, welche gekocht und gequirlt wird.

Für oberflächlich waschen sagt man in den beiden Meißner Mundarten und der Leipziger kutteln und aus= kutteln. Mittelhochdeutsch heißt kutelrinne die Frau, welche Eingeweide [kutel] reinigt; demnach scheint kutteln ursprünglich nur vom Waschen der Eingeweide gebraucht und später auf das oberflächliche Waschen übertragen worden zu sein.

Das mittelhochdeutsche swateren für rauschen ist wohl noch in dem schlesischen schwadern für die Wäsche ausschwen= ken erhalten. Das plätschernde Geräusch, welches jene Thätigkeit verursacht, hat jedenfalls die Übertragung veranlaßt.

Das Schwämmen oder Übergiessen der schon gewaschenen Wäsche heißt im Schlesischen die Schweife.

Wäsche, die noch nicht vollständig trocken, sondern noch etwas feucht ist, wird im Meißnischen als glauch bezeichnet; es ist dieses jedenfalls das mittelhochdeutsche gelůch für geschwollen, aufgedunsen.

Das Waschen der Wäsche besorgen heißt im Schlesischen bewaschen, während dies mittelhochdeutsch sich waschen bedeutet.

22. Das Essen betreffende Wörter.

Derb aber treffend ist Reuters Bezeichnung für starken Hunger Fretfewer,[1] das wäre schriftdeutsch Fress-fieber.

Wählerisch im Essen giebt das Niederdeutsche durch kiesettig, das Holländische durch kiesetig. Der erste Bestandteil dieses Eigenschaftswortes ist das alte kiesen, das wir noch in erkiesen haben und in küren. Für das Schriftdeutsche dürfte sich daher wohl die Gestalt von küressig empfehlen.

Recht bezeichnend und sinnlich veranschaulichend ist auch die von Reuter gebrauchte niederdeutsche Zusammensetzung lickmünnen,[2] das ist schriftdeutsch leckmünden, für aus Appetit sich den Mund lecken.

Gierig nach dem Essen sein heißt in der schlesischen Mundart ätzeln, was eine Ableitung von dem mittelhochdeutschen atzen, etzen für speisen mit der Verkleinerungssilbe el ist.

Gierig essen wird in den beiden Meißner Mundarten und der Leipziger durch hamstern gegeben, welches augenscheinlich von Hamster abgeleitet ist, sodaß es ursprünglich wie ein Hamster essen bedeutet. In der Posener Mundart ist dafür hamsen vorhanden.

Bamben bedeutet in der West- und Ostmeißner, der Leipziger und der hallischen Mundart heimlich gut essen, während in der schwäbischen bampfen mit vollen Backen kauen, übermässig essen heißt. Letztere Bedeutung hat im Meißnischen und im Erzgebirgischen wambsen, welches offenbar von dem mittelhochdeutschen wambo, dem gotischen vamba für Bauch kommt. Es scheint daher auch bamben und bampfen darauf zurückzugehen. — Verbamben bedeutet dann in den erwähnten Mundarten das Geld durch gutes Essen durchbringen.

---

1) I. Läuschen 12. — 2) VI. Stromtid I, 13.

Das Thätigkeitswort kätschen bedeutet in der West- und Ostmeißner, der Leipziger, der erzgebirgischen und der Basler Mundart beim Kauen schmatzen, während im Mittelhochdeutschen ketschen schleifen heißt. Die Ähnlichkeit des Geräusches hat wohl die Übertragung veranlaßt.

Im Erzgebirgischen findet sich das schwache Thätigkeitswort frezen für essen machen, essen lassen, zu essen geben; in der Leipziger Mundart wird es rückbezüglich in der Verbindung sich frezen und sefzen gebraucht für sich vollstopfen. Beides sind natürlich Ableitungen von essen und saufen. Frezen entspricht dem gotischen fraatjan zum Essen verteilen.

Von dem mittelhochdeutschen pepelen für füttern rührt das in der Westmeißner, der Ostmeißner, der Leipziger und der Berliner Mundart übliche aufpäppeln für ein Kind mit Kuhmilch, Brei und dergl. aufziehen her.

Das mittelhochdeutsche talgen ist in dem bayerischen dalken und dem schlesischen tulken wieder zu erkennen, welches den Brotteig einmachen bedeutet.

Während das mittelhochdeutsche welgern als wälgern schon schriftdeutsch ist, ist es das damit zusammengesetzte auswälgern noch nicht. Letzteres bedeutet in der West- und Ostmeißner, der Leipziger, der erzgebirgischen, der Wiener, der Henneberger und als willigere in der Thüringer Mundart den Teig mit dem Nudelholz oder Wälger flach und dünn rollen.

Im Erzgebirgischen heißt die Bürste aus Kornähren, welche zum Bestreichen des Brotteiges dient, Sengel, im östlichen Teile Streichsang. Beide Wörter kommen von dem mittelhochdeutschen und Lutherschen Sange für Büschel von Ähren.

Der Klunsch ist in der Leipziger Mundart schweres, klossiges, nicht recht ausgegorenes, schliffiges Gebäck. Verbreiteter ist das Eigenschaftswort dieses Stammes, welches das Gebäck als solches kennzeichnet. Es lautet in der Leipziger Mundart klunschig, in der Meißner klantschig und in der Mecklenburger nach Reuter klunzig. Es scheint mit dem mittelhochdeutschen Thätigkeitsworte klenen für schmieren, kleben verwandt zu sein. — In der Leipziger Mundart ist auch ein Thätigkeitswort kluntschen für schlecht backen vorhanden.

Im Mittelhochdeutschen giebt es ein starkes weibliches Hauptwort becke mit der Bedeutung die Bäckerei, das Recht zu

backen; im Erzgebirgischen bedeutet die Bäcke das gesamte
Gebäck, welches auf einmal gebacken wird.

Auch das mittelhochdeutsche rösch für scharf, spröd, knisternd,
ist in der Leipziger, der ostfränkischen, der österreichischen,
der bayerischen, der schwäbischen, der Basler und auch in der
ost- und westpreußischen Mundart erhalten und zwar in der
Bedeutung scharf gebacken oder gebraten.

Ganz ähnlich wird in der West- und Ostmeißner, der Leipziger und der Mecklenburger[1]) Mundart knusperig gebraucht,
nur daß man dabei mehr an das knisternde Geräusch beim
Kauen denkt. Im Niederdeutschen heißt knuspern benagen, im
Mittelhochdeutschen zerknuspern erschüttern.

Dagegen wird Fett, das beim Kauen ein ähnliches Geräusch
verursacht, in der Leipziger Mundart als krisperig bezeichnet,
welches vom mittelhochdeutschen krisp für kraus abgeleitet ist.
Letzteres bedeutet im Erzgebirgischen noch kreisplich, während
krosp im Dithmarschischen scharf gebacken heißt.

Das Brot ungeschickt, ungleich abschneiden bezeichnet
die Leipziger Mundart durch norkeln, die erzgebirgische durch
norksen und orksen, die Meißner und ostfränkische durch
morksen. Die Leipziger und die erzgebirgische haben den
ursprünglichen Stamm des Wortes nork bewahrt, welcher mit
dem mittelhochdeutschen starken männlichen Hauptwort norsch, das
ein messerähnliches Werkzeug bedeutet, verwandt zu sein scheint
und vielleicht auch mit dem mittelhochdeutschen norn für wühlen.
In der Meißner und ostfränkischen wird eine Verwechselung
mit dem früher besprochenen (9.) murksen für ungeschickt arbeiten
eingetreten sein.

In der erzgebirgischen Mundart werden Abfälle von
Brot und Fleisch Norksen oder Orksen genannt.

Das Thätigkeitswort bröseln, dessen schriftdeutsche Form bröseln sein würde, bedeutet in derselben Mundart Brot verkrümeln.
Es ist abgeleitet von dem mittelhochdeutschen brosem der Brosame.

In dieser Mundart findet sich auch Beschnit, welches schriftdeutsch die Bähschnitte lauten müßte, für ein auf dem Ofen
geröstetes Butterbrot; schon mittelhochdeutsch wird bröt bähen
für Brot erwärmen gesagt.

---

1) II. Läuschen 37.

Ebenda wird ein zum Kosten bestimmter Bissen ein Kustbisn, das wäre schriftdeutsch ein Kostbissen, genannt.

Ein Schielchen ist in der West= und Ostmeißner sowie in der Leipziger Mundart eine kleine, dünne Scheibe Wurst oder Fleisch. Dieses Wort ist mit der Verkleinerungs= silbe chen von dem mittelhochdeutschen schiel für abgerissenes Stück, Splitter, Klumpen abgeleitet.

Das zum Kochen oder Braten einer Speise genommene Fett heißt in den beiden Meißner Mundarten die Mache, in der erzgebirgischen das Macksel, in der schlesischen das Mächsel. Letzteres ist wohl vorzuziehen, da Mache schon in der Schriftsprache eine andere Bedeutung hat.

In der schlesischen Mundart wird auch das in eine Suppe Eingebrockte die Einbrocke genannt.

Der Stams oder Stamps ist in den beiden Meißner Mund= arten und der Leipziger sehr dickes Mus. Es ist jedenfalls von stampfen abgeleitet.

Die Speisereste, welche am Kochgeschirr hängen ge= blieben und teilweise verbrannt sind, heißen in der West= und Ostmeißner Mundart der Branz, in der Leipziger der Brenz, in der erzgebirgischen Bransel, in der schlesischen Prinzel. Da das offenbar von demselben Stamme gebildete Thätigkeitswort brenzeln für nach Verbranntem riechen oder schmecken schon schriftdeutsch ist, so wäre in Anlehnung daran wohl die Form Brenz in die Schriftsprache aufzunehmen. — Auch das davon abgeleitete Eigenschaftswort brenzlich ist schon schriftdeutsch. Diese Wörter kommen natürlich von brennen her.

Angedörrte Speisereste dagegen werden in der erz= gebirgischen Mundart der Dornst genannt, welches Wort augen= scheinlich von dörren abgeleitet ist.

In der West= und Ostmeißner, der Leipziger und der Altenburger Mundart bedeutet das Eigenschaftswort schwum= merig zum Erbrechen übel. Es scheint mit dem mittelhoch= deutschen swimeln und swimmeln für schwindeln zusammenzuhängen.

Das Tuch, in dem Arbeitsleute ihr mitgenommenes Essen zu tragen pflegen, nennt Reuter Etentdauk,[1] was schriftdeutsch Esstuch lauten würde.

---

[1] IV Hanne Nüte 17.

23. Trinken.

Die Schlämpe ist in der West= und Ostmeißner sowie in der Leipziger Mundart der zur Schweinemast dienende Ablauf in Brennereien, dann aber auch schlechtes, dünnes Bier. Es hängt wohl mit Schlamm und schlämmen zusammen und hat nichts mit dem holländischen slemp: leckere Mahlzeit zu thun.

24. Vergnügungen und Spiele.

Für das Ausspielen sagt Reuter kürzer Utspill,[1] das wäre schriftdeutsch Ausspiel.

Empfehlenswert ist auch Reuters Kunstenmaker,[2] schrift= deutsch Kunstmacher, zur Bezeichnung solcher „Künstler" wie Seiltänzer und Taschenspieler.

Das mittelhochdeutsche trolgast für ungeladener Gast bei einem Feste ist noch in den beiden Meißner, der Leipziger und anderen Mundarten erhalten.

Für Schneebülle machen sagt man in den eben erwähnten Mundarten schneeballen, für mit Schneebällen werfen schnee= büllern, in der schlesischen büllern für mit Bällen werfen.

In denselben Mundarten bedeutet versumsen: sein Gold mit lärmenden Vergnügungen totschlagen. Es kommt dieses von sumsen.[3]

25. Gesellschaftlicher Verkehr.
A. In freundlichem und angenehmem Sinne.

Das mittelhochdeutsche weibliche Hauptwort hoere hat sich noch in der West= und Ostmeißner sowie in der erzgebirgi= schen Mundart für Gehorsam erhalten.

In den beiden Meißner Mundarten und der Leipziger ist eine Ableitung mit der Verkleinerungssilbe chen von Bewerb vor= handen: Bewerbchen in dem Sinne von Vorwand, um in jemandes Nähe zu kommen.

In denselben Mundarten wird ein ganz kurzer Besuch ein Husch genannt. Es ist dieses jedenfalls eine Übertragung des Empfindungswortes husch, welches bei einer plötzlich eintretenden

---

1) II Läuschen 3. — 2) I Läuschen 56. — 3) Vergl. 4. Abschn. 19 B Sums.

schnellen Bewegung ausgestoßen wird, so beim Auffliegen von Vögeln.

Sehr schön ist auch die von Reuter angewandte nieder=
deutsche Bildung nahwern, das wäre hochdeutsch nachbarn, für Besuche in der Nachbarschaft machen.

Das mittelhochdeutsche lendern für langsam gehen hat die schlesische Mundart als landern bewahrt in dem Sinne sich langsam zusammenfinden von einer Gesellschaft.

Wie in der Schriftsprache von du duzen, so ist in den beiden Meißner und der Leipziger Mundart von Sie siezen für Sie nennen gebildet. In der Lausitzer heißt es sierzen.

Während tätscheln von Goethe gebraucht wird, also schrift=
deutsch ist, gilt dätschen oder richtiger tätschen noch nicht dafür. Es findet sich in den beiden Meißner Mundarten und der Leip=
ziger mit der Bedeutung mit gelinden Schlägen necken; in der schlesischen heißt es tatschen. Mittelhochdeutsch bedeutet tetschen: mit klatschendem Aufschlagen von Händen und Füssen im Wasser sich bewegen.

Das mittelhochdeutsche einfache Thätigkeitswort wirten, welches bewirten bedeutete, ist nach Hebel noch im Allemannischen vor=
handen in der Bedeutung Wirtschaft halten.

In der Leipziger Mundart wird staffeln für ankommende Fremde am Bahnhofe für ein Gasthaus anlocken gesagt, und der Kellner, welcher dieses thut, der Staffler genannt. Jedenfalls kommen diese Wörter von dem alten deutschen Worte Staffel, das mittelhochdeutsch Stufe bedeutet, da derartige Kellner sich auf den Stufen der Bahnhofsausgänge aufzustellen pflegen.

B. In feindlichem und unangenehmem Sinne.

Das mittelhochdeutsche männliche Hauptwort vlans für Mund ist noch in der West= und Ostmeißner, der Leipziger, der Thüringer, der Henneberger, der erzgebirgischen, der Lau=
sitzer und der schlesischen Mundart als Fluntsch für ver=
zogenes, mürrisches Gesicht bewahrt.

Das Thätigkeitswort tapern heißt in der schlesischen Mund=
art sich unsicher und ungeschickt benehmen. Es ist jeden=
falls von tappen abgeleitet. Ein Mensch von einem derartigen Benehmen heißt in der erzgebirgischen Mundart ein Tappel, in der Pfälzer nach Nadler ein Dabbele.

Treffend ist das in den beiden Meißner Mundarten und der Leipziger vorhandene Eigenschaftswort steifbeinig für gezwungen, steif im Benehmen und im Tone.

Das mittelhochdeutsche Thätigkeitswort bruodern für Mönch werden hat sich als brudern in der Leipziger Mundart erhalten, jedoch mit der Bedeutung, sich zur Beteiligung an etwas drängen, wo es gar nicht gewünscht wird. Es nähert sich so der Bedeutung von sich anvettern, welches schon für schriftdeutsch gilt, ist aber stärker.

Das mit dem althochdeutschen driozan für unmutig sein verwandte mittelhochdeutsche Thätigkeitswort driezen = drängen haben die West- und Ostmeißner, die Leipziger, die ostfränkische, die schwäbische, die Mecklenburger und die Berliner Mundart bewahrt und zwar in der Bedeutung jemanden durch boshafte Anspielungen necken und ärgern.

Auch das mittelhochdeutsche Thätigkeitswort zecken für necken ist in der Leipziger und bayerischen Mundart noch erhalten und zwar in letzterer in seiner alten Bedeutung, in ersterer in verstärkter, nämlich in der von zänkisch necken. In der Posener heißt es einen leichten Schlag versetzen. In der Meißner ist eine Weiterbildung davon zeckern vorhanden und zwar für zänkisch necken.

In der erzgebirgischen und schlesischen Mundart giebt es ein ähnliches Thätigkeitswort zäkern für locken, herbeiziehen, fortzerren und in der Zusammensetzung fortzäkern für zum Mitgehen überreden. Es scheint aber vom mittelhochdeutschen zoehen für ziehen machen, treiben zu kommen.

Auch das mittelhochdeutsche zannen für knurren, heulen haben mehrere Mundarten bewahrt, so die Leipziger, in der es jemandem höhnisch seine Redeweise nachäffen bedeutet, während es in der oberösterreichischen, der schwäbischen, der Basler und der Züricher die Bedeutung von weinen bekommen hat. In der erzgebirgischen und Altenburger heißt anzannen die Zähne weisen.

Das Thätigkeitswort andrechseln hat in den beiden Meißner Mundarten und der Leipziger die übertragene Bedeutung jemandem etwas auf schlaue Weise anhaben, einen Possen spielen bekommen.

Das gotische und altsächsische thinsan, welches mittelhochdeutsch dinsen lautet und gewaltsam ziehen bedeutet, ist noch in der

7*

Mecklenburger Mundart erhalten. Reuter[1]) gebraucht es für jemanden von etwas abhalten, zurückhalten.

Das Thätigkeitswort stenzen bedeutet in der West- und Ostmeißner, der Leipziger, der erzgebirgischen, der vogtländischen und der Henneberger Mundart abweisen, fortjagen; in der Thüringer dagegen hat die Form stönze die Bedeutung von werfen, während im Niederdeutschen stenzen mit Zureden plagen, durch Drohungen einschüchtern heißt. In letzterer Bedeutung wendet es auch Reuter[2]) an. Es scheint eine Weiterbildung vom mittelhochdeutschen und mittelniederdeutschen stenen, das ist unser schriftdeutsches stöhnen, zu sein und ursprünglich zum Stöhnen bringen bedeutet zu haben.

Für mit Erdklössen herunterwerfen oder jagen bedient sich Reuter des zusammengesetzten Thätigkeitswortes herunter klössen.[3])

Worbsen bedeutet in der schlesischen Mundart beim Ringen unterfassen; wahrscheinlich kommt es von dem mittelhochdeutschen werben für umdrehen.

Für sich thätlich zanken sagt man in den beiden Meißner und der Leipziger Mundart sich kampeln und nennt einen derartigen Zank eine Kampelei. Diese Wörter sind mit der Verkleinerungssilbe el von kämpfen abgeleitet.

Während im Mittelhochdeutschen löchern mit Löchern versehen heißt, bedeutet lochern in der schlesischen Mundart alle Löcher durchforschen.

Liederlich und locker leben heißt in der West- und Ostmeißner, der Leipziger und der Berliner Mundart schwiemeln, eine derartige Lebensweise Schwiemelei und ein Mensch, welcher derartig lebt, ein Schwiemel. Jedenfalls rühren diese Wörter von dem mittelhochdeutschen swimeln, einer Nebenform von swimeln, welches schwindeln bedeutet, her.

26. Sprechen.

Sehr reich sind die Mundarten an Wörtern, welche die verschiedenen Arten des Sprechens bezeichnen. Für die Schriftsprache empfehlen sich folgende:

---

1 II Läuschen. — 2 II Läuschen 23.   3) IV Hanne Nüte 1.

Das mittelhochdeutsche tateren für schwatzen ist noch in mehreren Mundarten erhalten, so als daddern oder dattern für albern schwatzen in der Leipziger und Basler, als dottern in der schwäbischen und im Niederdeutschen für stottern. Namentlich in ersterer Bedeutung wäre es für die Schriftsprache zu verwenden und zwar in der Form tattern.

Jedenfalls von demselben Stamme ist dätschen gebildet, welches in der West= und Ostmeißner, der Leipziger und als dotschen in der erzgebirgischen, sowie als dätschen in der Henneberger Mundart für fehlerhaft aussprechen gebraucht wird. Besonders wird es von kleinen Kindern gesagt, die manche Laute noch nicht bilden können und diese daher durch andere ersetzen. In dieser Bedeutung besonders würde es der Schriftsprache zur Bereicherung dienen. Auch die schwäbische Mundart kennt dätschen, jedoch für viel schwätzen; dasselbe bedeutet in der Appenzeller die Bildung mit der Verkleinerungssilbe el datscheln.

Von dattern ist auch in den beiden Meißner Mundarten und in der Leipziger ein Hauptwort der Datterich abgeleitet. Es bedeutet einmal alberne Schwätzerei, dann auch alberner Schwätzer.

Während dahlen schon für schriftdeutsch gelten muß, da es von Goethe und Wieland gebraucht worden ist, hat sich das davon abgeleitete Hauptwort der Dahler, welches der in der Pfälzer Mundart dichtende Nadler für einen breit und langweilig sprechenden Menschen anwendet, noch nicht das Heimatsrecht in der Schriftsprache erworben.

Eine Weiterbildung von dem mittelhochdeutschen braten für plaudern ist das in der Leipziger und erzgebirgischen Mund= art für ungeschickt, schwerfällig reden gebrauchte brätschen. Im Englischen heißt prattle schwatzen, in der Berliner Mund= art das Eigenschaftswort bratschig: grosssprecherisch.

Das mittelhochdeutsche braschen für prasseln hat in der Leipziger und hallischen Mundart die Bedeutung für gross= sprecherisch reden bekommen; dasselbe bedeutet in der Henne= berger bräsch, während bräschen in den beiden Meißner laut und viel reden heißt. Dagegen bedeutet auch hier die Redens= art viel Bräschens von etwas machen = grosssprecherisch reden.

In der Leipziger Mundart wird mit widerwärtig hoher, gellender Stimme reden durch güken gegeben. In derselben

Mundart und auch in den beiden Meißner wird eine derartige Stimme gäkig genannt, doch auch ein spitzes, hohles, weissliches Gesicht. Es kommen diese Wörter vielleicht von gâgen, welches mittelhochdeutsch wie die Gans schreien bedeutet; vielleicht hängen sie auch mit dem Lutherschen köken für schwatzen zusammen.

Beim Sprechen die Worte ziehen und zerren und zwischen denselben Brummlaute wie „hm" hören lassen bezeichnet die Leipziger Mundart durch das Thätigkeitswort zätschen. Es scheint von dem mittelhochdeutschen zetten und althochdeutschen zatjan für zerstreut fallen lassen abgeleitet zu sein.

Das Thätigkeitswort gnuckern gebraucht Reuter für mit unterdrücktem Lachen murmeln;[1]) in der Leipziger Mundart bedeutet es murren, stammeln.

Undeutlich reden wird in den beiden Meißner Mundarten, der Leipziger, der erzgebirgischen und der schlesischen durch nüscheln gegeben, welches wohl mit dem mittelhochdeutschen niseln für näseln und mit dem alt- und mittelhochdeutschen Eigenschaftsworte niselenter für lallend zusammenhängt.

Drucksen, welches abgebrochen reden oder beim Handel durch Zureden den Preis herunterdrücken wollen bedeutet, ist vielleicht schon schriftdeutsch, noch nicht aber das Hauptwort Druckser und das Eigenschaftswort drucksig, wie derartige Leute in den beiden Meißner Mundarten und der Leipziger genannt werden.

In den beiden Meißner und der erzgebirgischen Mundart ist aussagen auch für völlig erschöpfend sagen üblich, so heißt es: Ich kann's nicht aussagen, was ich alles gesehen habe.

Für welsch reden gebraucht der allemannisch schreibende Hebel das Thätigkeitswort welschen.

Nählen bedeutet in der Leipziger Mundart und bei Reuter in weinerlichem Tone zanken; auch die erzgebirgische und dithmarschische Mundart kennen dieses Thätigkeitswort, doch in der Bedeutung zögern, zaudern, während bei den Siebenbürger Sachsen sich die Form nolen findet.

Viel Redens machen um Kleinigkeiten und zwar in peinlicher, griesgrämiger Art heißt in der erzgebirgischen

1) VI Stromtib I, 12.

Mundart nätschen; ähnliche Bedeutung hat nätschen in den beiden Meißner, der Leipziger und der schlesischen.

In der Leipziger Mundart findet sich nadern für anhaltend mit jemandem zanken, immer etwas auszusetzen haben. Vielleicht hängt es mit Natter, welches mittelhochdeutsch nâter lautet, zusammen.

In derselben Mundart und auch in der hallischen bedeutet brömmeln, welches mit der Verkleinerungssilbe el von brummen abgeleitet ist, murrend zanken.

Ungebärdig, unwillig reden giebt die Leipziger Mundart durch bären und unwillig anreden durch anbären; es ist auch im Niederdeutschen vorhanden; in der Mundart der Siebenbürger Sachsen heißt beren lärmen, schreien. Es ist wohl dasselbe Wort, das wir noch in gebaren und Gebärde haben.

Für grob anreden, grob behandeln ist in den beiden Meißner und der Leipziger Mundart eine Weiterbildung von grob vorhanden: begrobsen.

Zu dem schon schriftdeutschen Eigenschaftswort patzig besitzen die zuletzt erwähnten Mundarten auch das Thätigkeitswort abbatzen, das wäre schriftdeutsch abpatzen, für jemanden in spitzem, herbem Tone zurechtweisen. In der Leipziger Mundart ist auch das Hauptwort der Batz für einen derartigen Verweis vorhanden, die schriftdeutsche Form wäre natürlich Patz.

Das mittelhochdeutsche Thätigkeitswort worten bedeutet in Wortwechsel geraten. Dieselbe Bedeutung hat das davon abgeleitete erzgebirgische wortln, schriftdeutsch wörteln, besonders in der Verbindung sich wörteln mit jemandem.

Das mittelhochdeutsche widerwort für Gegenrede, Widerspruch findet sich bei Reuter als Wedderwurd in dem Sinne von scheltender Gegenrede vor.[1]

Für sich beim Reden verwirren, etwas erwähnen dabei, was man nicht sagen will, heißt in den beiden Meißner Mundarten und der Leipziger sich verheddern, im Niederdeutschen sich verheiern. Diese Wörter scheinen mit dem mittelhochdeutschen verhîen und verheien für schänden, zu Grunde richten und mit heide und hede = die Schändung zusammen zu hängen.

---

1) II Kein Hüsung.

Das einfache matschen gilt schon für schriftdeutsch. Die beiden Meißner und die Leipziger Mundart haben außerdem noch vermatschen, welches zunächst Flüssigkeiten unnütz verbrauchen, dann aber auch beim Erzählen oder Auseinandersetzen alles verwirrt durcheinander mengen bedeutet.

27. Gemütszustände und deren Äußerungen.

Das von hoffen abgeleitete mittelhochdeutsche Eigenschaftswort hoflich für Hoffnung erweckend ist als höflich in der Sprache der Bergleute vorhanden, wo es von einem Gebirge gesagt wird, das die Hoffnung, nutzbares Erz zu bergen, erweckt.

Die Leipziger und die erzgebirgische Mundart besitzen das Thätigkeitswort reinschen für sehnlich, ungebärdig nach etwas verlangen. Es ist vom mittelhochdeutschen reinisch für brünstig abgeleitet.

Bisseln und wisselig wurden schon früher (8. C.) besprochen.

Schnickern heißt in der Leipziger Mundart behaglich lachen. Vielleicht hängt es mit dem mittelhochdeutschen snacken für schwatzen zusammen.

Hämisch lachen giebt Reuter durch das niederdeutsche grifflachen.[1]) Der erste Bestandteil dieses Wortes hängt ohne Zweifel mit dem mittelhochdeutschen Eigenschaftswort grim für unfreundlich zusammen; demnach würde die schriftdeutsche Form grimmlachen sein.

Die Leipziger Mundart hat noch das mittelhochdeutsche grimsic als grimmsig, eine verstärkende Weiterbildung von grimmig, für sehr wütend bewahrt.

Das Eigenschaftswort leidec hat mittelhochdeutsch auch die Bedeutung schmerzbewegt, dieselbe hat leidig noch im Niederdeutschen, wie Reuter[2]) zeigt.

Auch das mittelhochdeutsche männliche Hauptwort tribel kommt bei Reuter als Triebel gleichfalls in der übertragenen Bedeutung treibende Unruhe vor.[3])

Zu dem mittelhochdeutschen hümpeln, abgebrochen weinen, gehören auch das schlesische himpern und das bayerische

_____

1) II Kein Hüsung. — 2) VI Stromtid I, 10. — 3) IV Hanne Nüte 11.

himpezen für unterdrückt weinen. Demnach wäre hümpern die entsprechende schriftdeutsche Form.

Eine verkleinernde Weiterbildung von grausen ist das in der West- und Ostmeißner, der Leipziger und der niedersächsischen Mundart vorhandene gruseln, das schriftdeutsch grauseln lauten müßte und hauptsächlich von dem Grausen vor Gespenstern und Gespenstergeschichten mit dem Nebenbegriff des Fröstelns gebraucht wird. — Dieses Gefühl nennt man auch in der West- und Ostmeißner, der Leipziger und der Posener den Grauel.

Für stark beben bedienen sich die West- und Ostmeißner, die Leipziger, die erzgebirgische und die Schweizer Mundart sowie die der Siebenbürger Sachsen und das Niederdeutsche der verstärkenden Weiterbildung davon bebbern.

Das in der West- und Ostmeißner, der Leipziger und der hallischen Mundart vorhandene Thätigkeitswort schätschen bedeutet sich sehr empfindlich gegen Schmerz, Kälte, Regen anstellen, und ein derartiger Mensch wird schätschig genannt.

Das Thätigkeitswort erwissen, eine Weiterbildung von wissen, verwendet die erzgebirgische Mundart in der Bedeutung wissend ertragen, so kann ein Kind eine ihm geschenkte Zuckerdüte nicht erwissen, sondern muß davon essen, eine Frau ein ihr anvertrautes Geheimnis und ähnliches.

Das Allemannische besitzt eine Weiterbildung von staunen verstune, welches bei Hebel irre werden bedeutet; die schriftdeutsche Form davon würde verstaunen sein.

28. Eigenschaften und Zustände von Menschen.

A. Geistige.

Für ernste Festigkeit gebraucht Reuter das zusammengesetzte Hauptwort Irnstfastigkeit,[1]) das wäre schriftdeutsch Ernstfestigkeit.

Das Eigenschaftswort vernimm bezeichnet bei Reuter[2]) einen Menschen, der gut auffasst und leicht begreift.

Wer dagegen schwer von Begriffen ist, heißt in der Leipziger und Berliner Mundart begriffsstützig, in den beiden

---

1) VI Stromtid 1, 6. — 2) III. R. n. Belligen.

Meißner begriffsstutzig. Letztere Form ist jedenfalls die richtige, da das Wort wohl von stutzen = staunen herrührt.

Zu dem schon schriftdeutschen duseln oder dusseln für im Halbschlaf liegen gehört der Dussel, wie in der Leipziger, der Pfälzer und der Jülicher Mundart ein Mensch genannt wird, der ewig halb im Schlafe ist.

Ein ganz unbedeutender Mensch heißt ein Garnischt, das wäre schriftdeutsch Garnichts, in der Leipziger Mundart, und zwar ist dieses Wort männlich.

Kürzer und bezeichnender als Achselträger ist das dafür in der Westmeißner und erzgebirgischen Mundart vorhandene Zweiachsler.

Das Hauptwort Jammerlappen wird in den beiden Meißner Mundarten und der Leipziger für Taschentuch verwandt, häufig aber für einen weibischen, stets zum Jammern aufgelegten Menschen.

Die schlesische Mundart nennt dagegen einen klagenden, mürrischen Menschen einen Grinsler, welches Wort von dem schon schriftdeutschen grinsen abgeleitet ist.

Eine Ableitung von heulen ist das in den beiden Meißner Mundarten und der Leipziger vorhandene Eigenschaftswort heulig für zum Weinen geneigt. Es wird besonders in Bezug auf Kinder gebraucht.

Für kindisch sein besitzt die schlesische Mundart zwei Thätigkeitswörter kindschen und kindeln. Letzteres verdient des angenehmeren Klanges wegen den Vorzug.

In dieser Mundart ist auch das Eigenschaftswort gamel für ungeschickt und läppisch vorhanden. Hierin ist ein sehr alter Stamm erhalten; gaman bedeutet im Altnordischen, gamen im Angelsächsischen und Mittelhochdeutschen Spiel, Spass. Dieselbe Bedeutung hat im letzteren auch gamel, während gemelich lustig, ausgelassen, spasshaft bedeutet.

Von Spiel ist das Eigenschaftswort spielig abgeleitet, welches die beiden Meißner Mundarten und die Leipziger für gern spielend besitzen. Es wird besonders in Bezug auf Kinder, doch auch auf Tiere gebraucht.

Die Leipziger Mundart hat außerdem noch spielerig für aufs Kartenspiel versessen.

Von dem mittelhochdeutschen loter für Taugenichts, welches mit dem althochdeutschen Eigenschaftswort lotar zusammenhängt, ist in der Pfälzer Mundart eine verkleinernde Weiterbildung der Loddel vorhanden, womit Nadler einen nachlässigen und dabei ungeschlachten Menschen bezeichnet, während er für ein derartiges Betragen das Thätigkeitswort loddle besonders rumloddle verwendet. Die schriftdeutschen Formen würden Lottel, lotteln und herumlotteln sein.

Für sehr unverschämt sagt man in der Leipziger und erzgebirgischen Mundart ausverschämt, im Niederdeutschen: Er hat sich utschoamt.

Zu schnüffeln ist Schniffel, schriftdeutsch müßte es Schnüffel lauten, gehörig, welches in den beiden Meißner Mundarten und der Leipziger einen naseweisen Menschen, doch auch einen kläffigen Hund bezeichnet.

In letzteren Mundarten nennt man eine zänkische Frau eine Zerre. Die Abstammung dieses Wortes von zerren geht besonders daraus hervor, daß im Mittelhochdeutschen mit einander zerren für streiten, zanken gesagt wird.

Unser keifen hat mittelhochdeutsch die Gestalt kîben; davon ist das schlesische kîwig für keifsüchtig abgeleitet, schriftdeutsch müßte es keifig lauten.

Für sehr grob giebt es in den beiden Meißner Mundarten und der Leipziger das zusammengesetzte Eigenschaftswort sackgrob. Die in denselben auch gebräuchliche Redensart: grob wie Sackleinewand erklärt die Entstehung.

Dieselben Mundarten nennen einen groben, ungeschliffenen, grossen Menschen einen Drümel, die erzgebirgische einen Tremel. Da Drümel außerdem in der Leipziger einen knotigen Klotz bezeichnet, so geht daraus hervor, daß dieses Wort das mittelhochdeutsche dremel = Balken ist und eine Übertragung vom Baumkloß auf den Menschen erfahren hat.

Von nachtragen in dem Sinne nicht vergessen ist in der Leipziger Mundart das Eigenschaftswort nachträgisch gebildet, welches auch Reuter als nahdräg'sch hat.

Wie das mittelhochdeutsche bösen so bedeutet das allemannische bosge bei Hebel eine Bosheit verüben. Für die Schriftsprache würde sich die mittelhochdeutsche Form empfehlen.

B. Äußere Eigenschaften.

Ein dürrer Mensch wird in der West- und Ostmeißner, der Leipziger, der erzgebirgischen und der schlesischen Mundart ein Dürrlender genannt, welches eine Zusammensetzung aus dürr und dem weiblichen Hauptwort Lende zu sein scheint, ähnlich wie das isländische thurrlendi.

Japper heißt in der Leipziger Mundart ein kraft- und haltloser Mensch. Es scheint dieses Wort zu dem früher [4] erwähnten gabsen für schwer atmen, welches auch die Nebenform jappsen hat, zu gehören.

In der West- und Ostmeißner, sowie der Leipziger Mundart bedeutet das Eigenschaftswort hiefrig schlecht genährt. So wird es besonders von Kindern gesagt, die dürr, bleich und hohlwangig sind. Es scheint von dem althochdeutschen hiufan für trauern zu kommen; denn wer ernstlich trauert, sieht abgehärmt, bleich und hohlwangig aus.[1]

Von dem früher [10] erwähnten sterlen, welches schriftdeutsch stürlen lauten müßte, für herumrühren haben die beiden Meißner und die Leipziger Mundart langsterlich, das wäre schriftdeutsch langstürlig, für hoch aufgeschossen abgeleitet.

Für schieläugig haben die soeben erwähnten Mundarten die kürzere Bildung schielig, welche auch dem dafür vorhandenen mittelhochdeutschen Worte schelch und schilch mehr entspricht.

Die Leipziger Mundart besitzt das Eigenschaftswort anhängisch für überall hängen bleibend. Infolge dieser Eigenschaft zerreißt man sich die Kleider.

Das mittelhochdeutsche Thätigkeitswort grisen bedeutet Greis werden, ebenso das von Reuter gebrauchte niederdeutsche vergrisen,[2] dessen hochdeutsche Form vergreisen sein würde.

Das Thätigkeitswort fernen hat in der Leipziger Mundart die Bedeutung nur von fern hübsch aussehen, ebenso das schwäbische färele, welches jedenfalls nur die verkleinernde Weiterbildung ist. Es wird besonders in Bezug auf das schönere Geschlecht gebraucht, ähnlich in der Basler Mundart witteln, welches von weit abgeleitet ist.

---

1) Vgl. auch 16 zusammenhiwwern.
2) II Läuschen 33.

Auch Reuters bomenstill ist als baumstill für ganz still empfehlenswert.

29. Eigenschaften von Dingen.

Eine wirklich schöne Bereicherung würde die Schriftsprache durch die in den Mundarten vorhandenen stabreimenden zusammengesetzten Eigenschaftswörter mit verstärkendem Sinn erfahren.

So hat die Leipziger Mundart für in ganz kleine Brocken zerteilt: klinserklein. Der erste Bestandteil dieses Wortes ist von Klinse = die Spalte abgeleitet. Ähnlich gebildet ist das thüringisch-hessische klimberklein, das Henneberger klipperkläh und das Kölner klitzeklein.

Ferner ist für sehr weich in den beiden Meißner, der Leipziger und der Pfälzer Mundart die stabreimende Bildung windelweich vorhanden. Auch wird dieses Wort bereits in der Umgangssprache, aber unseres Wissens noch nicht in der Schriftsprache angewendet.

Für ganz leer sagt der pfälzisch dichtende Nadler lodderleer; lodder scheint das mittelhochdeutsche loter für leichtsinnig zu sein.

Derselbe Dichter und auch die beiden Meißner Mundarten, sowie die Leipziger haben ferner blitzblau für sehr blau; besonders wird es in Bezug auf Gliedmaßen, die vor Kälte blau sind, gesagt.

Jener und die erwähnten Mundarten besitzen ferner noch kitzegrau für sehr grau, die Leipziger außerdem noch kitzegrün für lebhaft grün, wie es junges Gemüse ist. Der erste Teil der beiden letzten Wörter scheint von dem alt- und mittelhochdeutschen kiz für Zicklein zu kommen. Kitzegrün ist allerdings nicht recht verständlich; doch hat die Schriftsprache in grasgrün dafür ein passenderes Wort, das auch noch genauer stabreimt.

Außer den stabreimenden haben die Mundarten aber auch noch andere treffende Zusammensetzungen zur Bezeichnung einer hochgradigen Eigenschaft, so die beiden Meißner und die Leipziger knüppeldicke für sehr dicht neben einander. Am häufigsten wird dieses Wort als Umstandswort gebraucht, so: Die Raupen sitzen an einer Pflanze knüppeldicke. Hierin ist wohl auch die ursprüngliche Bedeutung zu suchen, nämlich so dicht oder dick, dass sie gleichsam einen Knüppel bilden. Doch sagt man auch: Ich bin knüppeldicke satt für übersatt.

In denselben Mundarten und in der erzgebirgischen ist für sehr weit sprangelweit oder richtiger sperrangelweit vorhanden und wird auch schon in der Umgangssprache gebraucht. Es bedeutet eigentlich soweit offen stehend, als es die aufgesperrten Thürangeln gestatten.

Sehr nass, ganz durchnässt geben die beiden Meißner Mundarten und die Leipziger durch fitschenass und fitschenmadennass, die Thüringer, Henneberger und Elsässer durch pfütschenoss, die Östreicher durch pfutschnass, die schwäbische durch pfatschnass. Im ersten Bestandteil dieses Wortes scheint eine Verwechselung zwischen Pfütze und dem mittelhochdeutschen verstärkenden und in vitschenbrün, vitschenvöch enthaltenen vitschen eingetreten zu sein; am verständlichsten für uns wäre pfützenass, das ist: so naß, daß förmliche Pfützen darauf stehen.

Außer den Eigenschaftswörtern mit verstärkender Bedeutung sind für die Schriftsprache ungefähr noch folgende in Vorschlag zu bringen:

In der Leipziger Mundart heißt eine Sache angreifisch, die leicht zum Zugreifen, Naschen verlockt.

In derselben Mundart wird ein Gegenstand, z. B. eine Hand, die kurz und dick ist, knuppelig genannt. Schriftdeutsch müßte dies jedenfalls knopfelig lauten, da es wohl von Knopf kommt, welches Wort mittelhochdeutsch auch Knorren bedeutet.

Das mittelhochdeutsche Eigenschaftswort einlützec für einzeln hat sich noch in der West- und Ostmeißner, der Leipziger, der Altenburger und erzgebirgischen Mundart zur Bezeichnung eines einzelnen von paarweise vorhandenen Gegenständen, wie Handschuh, erhalten.

Sprisselig wird in den beiden Meißner und der Leipziger Mundart ein Stoff, ein Fell oder eine Haut genannt, wenn die Grundfarbe mit ganz feinen andersfarbigen Pünktchen besprengt ist. Es hängt wohl mit spruzval, welches mittelhochdeutsch fahl und gefleckt bedeutet, und demnach auch mit spriezen = spriessen zusammen.

Für moderig riechend, besonders von Nahrungsmitteln, sagt man in der West- und Ostmeißner, der Leipziger und der Altenburger Mundart dobrig, in der erzgebirgischen towich.

Beides ist jedenfalls von dem mittelhochdeutschen toub abgeleitet, welches nicht bloß taub, sondern auch abgestorben bedeutet. Die Schriftsprache müßte dann das Wort als taubrig aufnehmen.

Für ohne Schale hat Hebel schallos, für steif werden gestable, welches mit der Verkleinerungssilbe el von dem mittelhochdeutsch in derselben Bedeutung vorkommenden gestaben abgeleitet ist; die schriftdeutsche Form wäre gestabeln.

30. Tierleben.

A. Säugetiere.

Bei Reuter und auch in den beiden Meißner Mundarten ist ein bezüglich gebrauchtes Thätigkeitswort schuddern vorhanden und bedeutet etwas, besonders Fliegen, durch eine zitternde Bewegung der Haut von derselben entfernen.[1]) Es ist also schwächer als schütteln, wozu die Bewegung des ganzen Körpers gehört. Es wird hauptsächlich in Bezug auf glatthaarige Säugetiere, wie Pferde angewandt. Jedenfalls hängt es mit dem unbezüglichen schuddern oder schuttern, welches in den beiden Meißner Mundarten, der Leipziger und auch in dem Niederdeutschen für erschüttert werden, besonders in Bezug auf Häuser, gebraucht wird, zusammen, dieses aber seinerseits wieder mit schüttern und schütteln. Die hochdeutsche Schreibweise müßte schuttern sein.

Gleichfalls in Bezug auf Säugetiere und zwar besonders auf Pferde bedient sich Reuter des niederdeutschen riwwslagen,[2]) welches hochdeutsch rippschlagen lauten würde, für die Rippen bewegen.

Das mittelhochdeutsche Thätigkeitswort krellen für kratzen haben die beiden Meißner und die Leipziger Mundart noch gewahrt und gebrauchen es hauptsächlich von dem Kratzen der Katze, doch auch von dem des Menschen mit den Fingernägeln. Eine derartige Verwundung heißt dann ein Krell, wie mittelhochdeutsch kral. Zerkrellen bedeutet einen Körperteil mit derartigen Verletzungen bedecken; dieses Wort findet sich gleichfalls schon im Mittelhochdeutschen.

---

1) Reuter II, Kein Hüsung: Un schuddert sik de Fleig von t' Fell — 2) wie 1.

B. Vögel.

Wie im Mittelhochdeutschen, so ist auch bei Reuter das unserem Küchlein entsprechende Wort nicht bloß auf junge Hühner beschränkt, sondern kann mit jedem anderen Vogelnamen zusammengesetzt werden, um den jungen Vogel zu bezeichnen. So sagt Reuter Ulenküken, das wäre schriftdeutsch Eulenküchlein für junge noch nicht flügge Eulen.[1])

Das Gefieder sträuben heißt in der Leipziger Mundart plustern und aufplustern; bei Reuter bedeutet das Eigenschaftswort plustrig mit gesträubten Federn.[2]) In der schlesischen Mundart hat das Thätigkeitswort fluschern die Bedeutung das Gefieder sträuben. Offenbar gehört dieses ebendemselben Stamme an, dessen niederdeutsche Form plust und hochdeutsche flust ist. Dieser scheint zu dem mittelhochdeutschen vlüdern für flattern, welches sich noch in dem bayerischen flotschen erhalten hat, zu gehören.

Die Starbeide wird in den beiden Meißner und der Leipziger Mundart ein hölzerner Kasten genannt, der an Gebäuden und auf Bäumen aufgehängt wird, um den Staren als Brutstätte zu dienen. Der zweite Teil des Wortes scheint von bauen zu kommen, und das Wort ähnlich wie Gebäude gebildet zu sein; dann müßte es schriftdeutsch Starbäude lauten. Hierfür spricht auch, daß in anderen Mundarten die Form Starbaude vorhanden sein soll. Es ist aber auch eine Ableitung von dem althochdeutschen bitan für verweilen möglich; dann müßte es in der Schriftsprache die Gestalt von Starbeite annehmen.[3])

31. Erdboden.

Für Erde aufwerfen gebraucht Reuter das Thätigkeitswort mullen,[4]) welches jedenfalls mit dem schon schriftdeutschen Mulm für lockere Erde und dem mittelhochdeutschen molte, sowie mit dem seltenen schriftdeutschen Hauptwort Melde für Erde und dem gotischen mulda für Staub zusammenhängt.

Den Abfall von festen Stoffen, besonders von Steinen, nennt man in den beiden Meißner und der Leipziger Mund-

---

1) II Stein Hüsung. — 2) IV Hanne Nüte 17: So plustrig sitt hei up sin Brett. — 3) Zu vergleichen ist auch 8 C. — 4) I Läuschen 12: bar mullt dat Dirt.

art den Märbel und gebraucht abmärbeln von dem allmählichen Loslösen kleiner Teilchen von festen Stoffen. So sagt man: Das Pflaster märbelt sich ab. Diese Wörter scheinen von mürbe abgeleitet zu sein und müßten dann die Schreibweise Märbel, abmürbeln annehmen.

Das angelsächsische hlidh, althochdeutsche lita und mittelhochdeutsche lite für Bergabhang ist noch in der West- und Ostmeißner, der Leipziger und der erzgebirgischen Mundart, sowie in der ostfränkischen und bayerischen als Leede, Loite und Leit erhalten. Meist wird damit ein freier, hügliger, zum Obstbau eingerichteter Platz bezeichnet. Es finden sich die Zusammensetzungen: Kirschleite, Sommerleite, Winterleite, Kirchleite, Mühlleite, Badloite, Eisenleite, Morgenleite. Leite wäre die in die Schriftsprache aufzunehmende Form.

Auch das mittelhochdeutsche weibliche Hauptwort telle, welches mit Thal verwandt ist, haben die West- und Ostmeißner, die Leipziger, die Koblenzer und die Pfälzer, letztere als Dall nach Nadler, bewahrt. Es bedeutet zunächst eine kleine rinnenförmige Vertiefung im Erdboden, wie sie besonders durch Regen entsteht, dann aber auch eine ähnliche Vertiefung in Hüten, Messern und dergleichen.

32. Wegbezeichnungen.

Von einem Wege, der allmählich etwas steigt, sagt man in der West- und Ostmeißner, der Leipziger und der hallischen Mundart: Er geht lehn an. Dieses lehn scheint zu dem Thätigkeitswort lehnen zu gehören.

Eine kleine Unebenheit im Wege, besonders von festgeballtem Eis, Schnee oder Schlamm, heißt in den beiden Meißner Mundarten und der Leipziger ein Horkel, der Weg selbst ist dann horklig, in der Henneberger horschelig. Der Stamm dieser Wörter ist das mittelhochdeutsche hor für schmutziger Boden, wovon horwee, für schmutzig, kommt.

Wie mittelhochdeutsch diu rihte gerader Weg bedeutet, so bei Reuter de Richte der richtige Weg.[1]) Hierfür könnte auch die Schriftsprache die Richte wieder aufnehmen.

---

1) II Läuschen 63.

Schriemweg nennt der Schlesier einen Weg, auf dem er zuschneidet, kürzer kommt als auf der Landstraße. Der erste Bestandteil dieses Wortes scheint von dem mittelhochdeutschen schrimpfen oder schrimpen für zusammenziehen zu kommen.

Eine Dehne heißt dagegen in der West= und Ostmeißner, sowie der erzgebirgischen Mundart ein langer, sich weit hinziehender Weg.

Unter einer Kahre versteht man in den beiden Meißner und unter einer Kohr, was dasselbe ist, in der erzgebirgischen Mundart eine scharfe Wendung des Weges. Schon das mittelhochdeutsche zu unserem kehren gehörige Hauptwort diu kêre weist die Nebenformen kâre und kôre auf. In der Leipziger und in mehreren süddeutschen Mundarten bedeutet die Kahre die Wendung beim Fahren, Reiten oder Tanzen.

33. Wasser und andere Flüssigkeiten.

Mit dem Thätigkeitsworte schwabben bezeichnet man in den beiden Meißner Mundarten und der Leipziger das Hin- und Herbewegen des Wassers, das an den Rand eines Gefässes oder an das Ufer anschlägt; in der Basler Mundart findet sich in diesem Sinne schwapele und ähnliche Formen in der Elsässer, Pfälzer und Koblenzer, sowie auch in der Berliner Mundart.

Dieses Thätigkeitswort kommt von dem mittelhochdeutschen swëben für sich fliessend hin- und herbewegen.

Eine Weiterbildung des obigen ist schwäppern, das in den beiden Meißner Mundarten, der Leipziger und der erzgebirgischen eine Flüssigkeit ins Schwanken, zum „Schwabben" bringen bedeutet; in der schwäbischen hat schwäppeln diese Bedeutung.

Eine Weiterbildung davon ist auch das schlesische und bayerische schwuppern für infolge des Schwankens überfliessen, ferner auch verschwäppern, welches in den beiden Meißner Mundarten und der Leipziger, sowie in der erzgebirgischen durch Schwäppern zum Überfliessen bringen, vergiessen bedeutet.

Der Teil der Flüssigkeit selbst, die dabei vergossen wird, heißt in den beiden Meißner Mundarten ein Schwubb, in der Leipziger ein Schwabb, in der erzgebirgischen ein Schwops und in der schlesischen ein Schwupps.

Die schlesische Mundart hat auch das mittelhochdeutsche Thätigkeitswort erwellen für aufwallen machen bewahrt.

Das Wasser in andere Richtung leiten giebt Hebel durch 's Wasser chere, das wäre schriftdeutsch: das Wasser kehren.

Das mittelhochdeutsche sôt für offener Ziehbrunnen hat noch Reuter.[1])

Die dünne Eisrinde über einer Luftblase heißt in der Leipziger Mundart das Bolleis, was von dem seltenen schriftdeutschen Eigenschaftswort boll für pelzig, holzig, schwammig, saftlos abgeleitet ist.

34. Wetter, besonders Regen.

Für stark regnen sagt man in der West- und Ostmeißner, der Leipziger, der erzgebirgischen, der vogtländischen, der Thüringer, der Berliner und anderen Mundarten dreschen und nennt einen starken Regenguss einen Dresch. In Ost- und Westpreußen bedeutet treuschen spritzen, im Holländischen druischen rauschen. Mittelhochdeutsch ist der trisch der Abprall des Wassers vom Felsen, während im Gotischen driusan fallen bedeutet. Mit diesen Wörtern scheinen dreschen und Dresch verwandt zu sein und müßten demnach in der Schriftsprache die Gestalt von treuschen und Treusch annehmen.

Einen starken, meist unerwartet eintretenden und schnell vorübergehenden Regenguss nennt man in den beiden Meißner und in thüringischen Mundarten eine Husche, in der Leipziger und anderswo einen Husch.

Dieses Wort hängt wohl mit dem Empfindungsworte husch zusammen, das im Mittelhochdeutschen für Kälteempfindungen und jetzt für unerwartet eintretende schnelle Bewegungen gebraucht wird.

In der Leipziger Mundart sagt man von einer Dachtraufe: sie dratschelt, wenn das Wasser in Stößen lärmend herabfällt. Offenbar ist dieses Wort von dem mittelhochdeutschen draete oder dräte, welches vom Wasser für reissend gebraucht wird, abgeleitet.

---

1) IV Hanne Nüte 9

8*

Von dem mittelhochdeutschen sifen für tröpfeln, welches mit
dem niederdeutschen sipen und angelsächsischen sipan, sowie mit
unserem Sieb verwandt ist, ist sifern weitergebildet, welches in
den beiden Meißner Mundarten und in der erzgebirgischen
fein regnen bedeutet.

35. Geräusche und Töne.

Das mittelhochdeutsche mechzen hat sich als mäksen noch in
beiden Meißner Mundarten und der Leipziger erhalten; während
es aber früher meckern, mit dem es augenscheinlich verwandt ist,
bedeutete, wird es jetzt für ein wenig schreien in Bezug auf
Säuglinge gesagt. Im Schlesischen hat moksen die Bedeutung
heimlich über etwas reden.

In quiekendem Tone weinen heißt in der West- und
Ostmeißner, sowie der Leipziger ningeln, in der erzgebir-
gischen niugern, in der Altenburger Mundart nengern. Dieses
Wort scheint von dem mittelhochdeutschen ninne für Wiege und
Wiegenkind zu kommen.

In der schlesischen Mundart wird ritschen und rütschen
von dem schrillenden Tone des Finken bei nahendem Regen
gesagt. Der Stamm dieses Wortes scheint uralt zu sein. Mittelhochdeutsch wird riez für das Geschrei der wilden Gänse gebraucht,
während althochdeutsches rûzan und mittelhochdeutsches rûzen summen,
schnarchen, brüllen, altindisches rud aber weinen bedeutet.

Das Thätigkeitswort quietschen findet sich in der West-
und Ostmeißner, der Leipziger, sowie der erzgebirgischen
Mundart für einen unangenehmen, feinen und durch-
dringenden Ton von sich geben, so von der Thür, wenn die
Thürangeln schlecht geölt sind. Es hat wohl nichts mit quieken zu
thun, sondern gehört zu dem mittelhochdeutschen quitteln, das von
den Tönen der Gans und des Hasen gebraucht wird.

Das mittelhochdeutsche gransen für knirschen hat noch, wie
Nadler zeigt, die Pfälzer Mundart gewahrt und zwar in der
Bedeutung langsam knarren, so von Schuhen.

Ebenda findet sich auch brotzle von dem Geräusch, das eine
über gelindem Feuer stehende Speise verursacht. Es ist jedenfalls
von braten weitergebildet und müßte demnach schriftdeutsch brazeln
lauten.

Sehr lautmalend ist ohne Zweifel das Thätigkeitswort gulkern, welches in der Leipziger und Thüringer Mundart das beim Einschenken aus einer Flasche entstehende Geräusch bezeichnet. Dasselbe bedeutet in der schwäbischen goltern, in der Henneberger golkern. Im Dänischen heißt Kulk der Schluck, die Kehle. Gulkern oder auch kulkern wird ferner von dem Poltern in den Eingeweiden gesagt.

Mit dem Thätigkeitsworte schnarpeln bezeichnet man in der Leipziger Mundart den Laut, welchen das Durchschneiden von Knorpel giebt. Es scheint eine Weiterbildung des schriftdeutschen schnarren zu sein, welches im Mittelhochdeutschen als snarren eine weitere Bedeutung als jetzt hat.

Hierzu gehört wohl auch das sehr lautmalende Thätigkeitswort schnorpsen, welches in der West- und Ostmeißner, der Leipziger, Thüringer und erzgebirgischen Mundart für den schnarrenden Ton, der beim Gehen auf gefrorenem Schnee entsteht, gebraucht wird. Ferner bezeichnet es den dumpf knirschenden Laut beim Zermalmen von scharf Gebackenem, beim Käuen der Kühe und Ziegen und dergleichen.

Das mittelhochdeutsche pumpern für pochen, hämmern haben die beiden Meißner Mundarten und die Leipziger in anbumbern für an eine Thür dumpf dröhnend schlagen sowie in dem sächlichen Hauptwort Gebumbere für dumpf dröhnenden Lärm; die schriftdeutschen Formen müßten pumpern und Gepumpere sein.

36. Mengenamen.

Zusammenfassend für die Wesen gebraucht Reuter das Gewese.[1])

Für sämtliche Mädchen sagt die schlesische Mundart zusammenfassend die Madelei; für die Schriftsprache wäre in Anschluß an Maid Maidelei zu empfehlen.

Unter einem Knitschel versteht man in der West- und Ostmeißner, der hallischen und der Posener Mundart eine Menge dicht zusammengewachsener Gegenstände wie Haare, Nüsse, sodass sie gleichsam einen Knoten bilden. Wahrscheinlich hängt das Wort mit dem mittelhochdeutschen und schriftdeutschen

---

1) II Kein Hüsung: 't oll lüt Gewes'.

Knüttel zusammen und müßte demnach schriftdeutsch Knütschel lauten.

Das mittelhochdeutsche ebenteil für gleicher Anteil hat die erzgebirgische Mundart noch als amtäl für völlig ausreichender Teil.

37. Ortsbestimmungen.

In der Leipziger Mundart wird das abgelegenste Ende einer Stadt oder eines Dorfes der Giegak genannt. Dieses Wort bezeichnete wie das mittelhochdeutsche gigâ den Naturlaut der Gans, später ist es dann auf den Ort, wohin die Gänse eines Dorfes getrieben werden, übertragen worden. Da dieser nun ein sehr entlegener ist, so erklärt sich die weitere Übertragung.

Die schlesische Mundart hat von den Ortsumstandswörtern drüben und hüben die Eigenschaftswörter drübig und hübig für drüben und hüben befindlich gebildet.

Schön ist die niederdeutsche Bildung linglang, so Reuter,[1]) oder lingelang, wie im Holsteinischen, für der Länge nach. In den beiden Meißner Mundarten und der Leipziger ist dafür der Länge lang üblich, was aber schwerfälliger ist.

Auch die von Reuter verwandte niederdeutsche Zusammensetzung dörpherin[2]) verdient in der hochdeutschen Gestalt dorfherein für ins Dorf herein Aufnahme in die Schriftsprache; desgleichen das von Reuter gebrauchte beinwarts als beinwärts für dem Bein entlang.[3])

38. Zeitbestimmungen.

Für im Handumdrehen hat Hebel die kürzere allemannische Bildung handumcher, das wäre schriftdeutsch handumkehr.

Derselbe gebraucht auch die allemannische Zusammensetzung morndrigs für am morgenden oder folgenden Tage; schriftdeutsch müßte dieses Wort morgentags lauten.

Für im vorigen Jahre ist mittelhochdeutsch das Umstandswort vërne, vërn oder vërnet üblich. Wie Hebel zeigt, hat die allemannische Mundart fern erhalten, während die erzgebirgische

---

1) II Läuschen 50. — 2) IV Hanne Nüte 6. — 3) III R. u. Belligen 4.

die Form fertn dafür besitzt. — Die schlesische hat ein davon abgeleitetes Eigenschaftswort färtig. Für die Schriftsprache dürften die Formen färnt und färtig am`annehmbarsten sein.

Das mittelhochdeutsche sich jaeren für mündig werden haben die beiden Meißner und die Leipziger Mundart bewahrt, jedoch die Bedeutung in ein Jahr her sein, der Jahrestag von etwas sein umgewandelt. Die schriftdeutsche Form wäre natürlich sich jähren.

39. Umstandswörter der Art und Weise.

Ähnlich wie Reuter Irnstfastigkeit für ernste Festigkeit sagt [28 A], so hat er auch für die beiden Umstandswörter ernst und fest irnstfast[1]), das würde schriftdeutsch ernstfest sein.

Derselbe gebraucht auch lud 'hals für aus vollem Halse[2]); schriftdeutsch wäre dies lauthals.

Sechster Abschnitt.

Kann in der Wortbiegung die Schriftsprache durch die Mundarten gereinigt oder bereichert werden?

Infolge des deutschen Betonungsgesetzes, nach dem der Ton eines Wortes auf der Stammsilbe liegt, sind im Laufe der geschichtlichen Entwickelung der deutschen Sprache die Biegungsendungen immer mehr abgeschwächt, verwischt und dadurch auch vermischt worden. Hinsichtlich dieser ist das Mittelhochdeutsche dürftiger und ärmer als das Althochdeutsche, die neuhochdeutsche Schriftsprache als das Mittelhochdeutsche, und die neuhochdeutschen Mundarten sind es wiederum mehr als die Schriftsprache; denn während diese, am geschriebenen Buchstaben haftend, stets bemüht ist, einen älteren Standpunkt festzuhalten, gehören jene voll und ganz der Gegenwart an. So haben sie die Endung em sich mit en vereinigen lassen, während die Schriftsprache den Unterschied noch streng wahrt.

Ein weiterer Blick auf die Geschichte der deutschen Sprache lehrt, daß in ihr die Neigung vorhanden ist, die Formenbildung

---

1) VI Stromtid I, 1. — 2) III R. u. Belligen 5.

durch die Formenumschreibung zu verdrängen, und auch hierin sind die Mundarten einen Schritt weiter gegangen als die Schrift= sprache; denn während diese den Gebrauch des zweiten Falles dem Mittelhochdeutschen gegenüber nur sehr beschränkt hat, kennen jene diesen Fall fast gar nicht mehr und umschreiben die Vergangenheitsform gern mit ich that oder bevorzugen, wie die oberdeutschen, die um= schreibende Bildung mit haben.

Daraus erklärt es sich, daß die Mundarten hinsichtlich der Wort= biegung nur äußerst wenig der Schriftsprache bieten können. Fol= gendes könnte etwa in Betracht kommen:

1. Die Hauptwörter betreffend.

Das althochdeutsche dionost ist sächlich, das mittelhochdeutsche dienest sächlich und männlich, so ist auch noch Dienst in der erzgebirgischen und schlesischen Mundart, und zwar bedeutet der Dienst die Stellung des Dienstboten, das Dienst dagegen soviel wie Amt.

Mittelhochdeutsch und bei Luther ist Lohn männlich und sächlich; die beiden Meißner, die schlesische und die erz= gebirgische Mundart haben noch dieses Wort in beiden Ge= schlechtern und zwar das männliche im sittlichen Sinne für Belohnung, das sächliche dagegen für Löhnung, das ist für eine dem Dienstboten oder Arbeiter im voraus zugesicherte bestimmte Summe.

Die mittelhochdeutsch starken Hauptwörter der Halm und der Sinn werden jetzt zuweilen in Sprachlehren[1]) als in der Mehrzahl nach der schwachen Biegung gehend aufgeführt. In den beiden Meißner Mundarten gehen sie auch in der Mehrzahl nur nach der starken, nämlich 1., 2. und 4. Fall e, 3. en, und auch für die Schriftsprache ist es entschieden geboten, eine derartige Weise der Abwandlung festzuhalten.

2. Die Thätigkeitswörter betreffend.

Auch empfiehlt es sich für die Schriftsprache, da, wo die Mund= arten im Gegensatz zu ihr die starken Formen der Thätigkeits= wörter gewahrt haben, diese wieder aufzunehmen; denn sie klingen

---

1, So Koch, Teutsche Elementargrammatik § 63.

entschieden kräftiger und schöner als die schwachen und bieten eine größere Mannigfaltigkeit.

So geht das mittelhochdeutsch starke bellen nicht bloß bei den älteren schlesischen Dichtern, sondern auch noch jetzt in der erzgebirgischen Mundart stark, das heißt: hat die drei Grundformen ich bille, ich boll, gebullen, welche schriftdeutsch ich belle (doch du billst, er billt), ich boll, gebollen lauten müßten.

Waten bildet in den beiden Meißner, der Leipziger und der schlesischen Mundart wenigstens die dritte Stammform, das Mittelwort der Vergangenheit, noch stark: gewaten.

Während mahlen zuweilen durchweg stark in der erzgebirgischen Mundart abgewandelt wird und zwar: ich möl, mül, gemöln, wofür die schriftdeutschen Formen mahle, muhl, gemahlen sein würden, hat die Schriftsprache nur gemahlen gewahrt, ist also nicht so folgerichtig, wie jene Mundarten verfahren.

Von falten ist in der Leipziger Mundart das alte starke Mittelwort gefalten für gefaltet erhalten.

Siebenter Abschnitt.

Inwiefern können im Satzbau die Mundarten zur Reinigung und Bereicherung der Schriftsprache beitragen?

Im vollständigen Gegensatz zur lateinischen Sprache, die im Satzbau möglichste Unterordnung und Verschlingung der Sätze liebt, ist die deutsche Sprache der beiordnenden Satzverbindung zugethan. Letztere bevorzugt das Mittelhochdeutsche ungemein, und auch unsere besten neuhochdeutschen Dichter vermeiden die Bildung von Nebensätzen möglichst. Gellerts: „Lebe so, wie, wenn du stirbst, wünschen wirst, gelebt zu haben" gilt jetzt allgemein für undichterisch. Ja, es ist zu vermuten, daß fast alle Abweichungen von diesem Grundgesetz des deutschen Satzbaues auf den Einfluß der lateinischen Sprache, dieser Erzieherin, doch zum Teil auch Verzieherin der deutschen, zurückgehen. Die Größe dieses Einflusses läßt sich ja nicht ermessen; denn er war schon vor der Zeit, aus der uns die ältesten Erzeugnisse deutschen Schrifttums überliefert sind, wirksam, möglicherweise schon zu Armins Zeiten, sicher aber zu denen des Frankenkönigs Chlodwig, der das Christentum ein-

führte und zwar in athanasianischer Gestalt. Damit war unaus=
bleiblich die Einwirkung der lateinischen Sprache auf die deutsche
verbunden. In der Regel ist in gelehrten Werken die undeutsche
Schachtelung von Sätzen im stärksten Grade vorhanden, und da ist
selbst ein Luther nicht frei davon; je mehr Fühlung aber die
Schriftsteller mit dem Volke behalten, je volkstümlicher sie schreiben,
desto seltener verfallen sie in jene. Die Mundarten vermeiden
sie noch heutzutage fast gänzlich und bieten in dieser Beziehung ein
sehr beachtenswertes Vorbild echt deutschen Satzbaues. Auch ge=
winnt hierdurch ihre Ausdrucksweise ungemein an Lebhaftigkeit.
Folgender Satz ist wohl ganz richtig schriftdeutsch gebaut:

„Als ich gestern übers Feld ging, sah ich plötzlich einen
Hasen auf mich zugelaufen kommen, welchen ein Hund verfolgte."

Wie anders macht sich aber dieser Satz in der Ausdrucksweise
der Mundart:

„Gestern ging ich übers Feld. Da kommt auf einmal ein
Hase spornstreichs auf mich zu und hinterher ein Hund.

Die Häufung von Nebensätzen mag jedoch immerhin noch an=
gehen, wenn sie wirklich dem inneren Verhältnis der Gedanken
entspricht, die zum Ausdruck gebracht werden sollen. Oft ist dieses
aber in der Schriftsprache nicht der Fall. Nur zu richtig ist Klaus
Groths Bemerkung:[1]) „Wir begründen, vermitteln, beschränken,
wenigstens in unserer geschriebenen Rede, auch wo kein Grund
dazu vorhanden ist, insofern, obgleich, dennoch, freilich, zumal
wenn, es sei denn, unter der Bedingung dass u. s. w. — solche
und hundert ähnliche Konjunktionen werden fast durchschnittlich un-
nötigerweise geschrieben, fordern heraus, Gründe zu denken, wo
keine nötig oder vorhanden sind, und machen Gedanken und Rede
schwerfällig."

Der beste Schutz vor dem geschilderten Fehler ist unstreitig die
Beschäftigung mit den Mundarten, welche ihre Sätze einfach und
zwanglos bauen und aneinander reihen. Ihnen gilt der Gedanke,
die Seele des Satzes, stets mehr als die äußere Form; und haben
sie hierin nicht vollständig recht? Ihre Verstöße aber gegen die
strengen Regeln der Sprachlehre sind bedingt durch den in den
Sätzen enthaltenen Sinn. Wenn die Mundarten und mit ihnen
allerdings schon Luther, Goethe, Uhland und andere zu einem

[1) Kl. Groth, Briefe über Hochdeutsch und Plattdeutsch S. 10.

Mengenamen die abhängigen Thätigkeits=, Für= und Eigenschafts=
wörter in der Mehrzahl hinzufügen oder zu Mädchen die letzteren
zwei ins weibliche Geschlecht setzen, handeln sie da nicht ganz natur=
gemäß? Doch derartige sogenannte Freiheiten haben längst unsere
großen Schriftsteller den Mundarten abgelauscht und entlehnt. Dadurch
sind jene schriftdeutsch geworden und gehören nicht mehr hierher.

Keineswegs soll hier auch geleugnet werden, daß ein Luther,
ein Lessing, ein Goethe den Satzbau unserer Schriftsprache zu
einem bewunderungswürdigen, fein gegliederten Kunstwerk gestaltet
haben, der viele Vorzüge vor dem mundartlichen Satzbau aufweist.
Ebenso hüten wir uns, verschiedenen Eintönigkeiten des letzteren, wie
die Häufung von „und" sowie von „da", das Wort zu reden.

Achter Abschnitt.

Inwiefern können in dem Stil die Reinheit und der Reich= tum der Schriftsprache durch die Mundarten gefördert werden?

Wie ein Zimmer ohne Bilderschmuck einen kahlen, nüchternen
Eindruck macht, so auch ein Stil ohne Redebilder. Aber in bei=
den Fällen müssen die Bilder zu dem, was sie schmücken sollen,
passen. Auch die Schriftsteller und Redner unserer Tage haben
das Bedürfnis nach Bilderschmuck, aber wo holen sie denselben oft
her? Aus der Rumpelkammer ihrer altgeschichtlichen Erinne=
rungen. — Eulen nach Athen tragen — den Stall des Augias
reinigen — eine Sisyphusarbeit thun — waren in dem Munde
eines Griechen oder Römers ganz berechtigt; denn dieser sprach zu
Griechen und Römern, das heißt zu Leuten, denen jene Bilder
lebendig vor die Seele traten, und deren geistiges Auge die Menge
der Eulen Athens, den mit Dünger überfüllten Stall und den sich
quälenden Sisyphus wirklich sah. Auf einer deutschen Rednerbühne
und in einem deutschen Schriftwerke sind derartige Bilder nicht
weniger unpassend als Fremdwörter; denn sie können hier nicht ver=
sinnbildlichen, da sie deutschen Hörern oder Lesern nicht lebendig
werden. Sie lenken nur von dem zu behandelnden Gegenstande ab.
Darum weg mit ihnen!

Auch besitzt schon die deutsche Schriftsprache genug dem deutschen Volksleben entnommene Bilder; doch ein großer Teil davon
ist infolge des vielen Gebrauches verblaßt und wird daher von dem
geistigen Auge des Lesers oder Hörers nicht mehr gesehen. Was
ist aber an ihre und der fremden Stelle zu setzen? — Mundartliche Redebilder; denn die Mundarten haben noch die Fähigkeit,
stets neue Bilder zu erzeugen und die verblaßten auszuscheiden.
„Bilder“, bemerkt Osthoff treffend,[1] „wendet auch die mundartliche Rede reichlich an; aber ihre Bilder haben den Vorzug der
frischen Sinnlichkeit, sind noch nicht abgegriffen und zur leeren
Phrase geworden wie so vielfach die unserer Schriftsprache ge-
läufigen. Die Mundart spricht noch geradezu und meint, was
sie sagt. Greift sie darum zu einem bildlichen Ausdruck, so
empfindet sie das Bild auch stets als das, was es ist. Das Bild
ist ihr eben unverbraucht und nicht durch tausendfältige Wieder-
kehr im Schriftgebrauch alltäglich und abgeblasst geworden.“

Folgende mundartliche Redebilder scheinen Aufnahme in die
Schriftsprache zu verdienen. Wir geben dieselben sogleich in schriftdeutscher Gestalt:

1. Redebilder, welche den menschlichen Körper betreffen.

Seinem Leibe keinen Rat mehr wissen hat in den
beiden Meißner Mundarten und der Leipziger die allgemeine
Bedeutung sich nicht mehr zu helfen wissen bekommen, und
wird meist gebraucht, wo vom Leibe gar nicht die Rede ist.

Das Haar spielt schon in schriftdeutschen Redebildern eine
große Rolle. Die soeben erwähnten Mundarten haben es auch im
folgenden: Ein Haar darinnen gefunden haben für: Bei
einem Unternehmen auf derartige Unannehmlichkeiten
gestossen zu sein, dass einem die Lust vergangen ist,
sich in ein ähnliches einzulassen. Offenbar verdankt das
Redebild dem wenig erfreulichen Umstande seine Entstehung, daß
man beim Essen in dem Gerichte ein menschliches Haar findet und
dadurch die Lust zum Essen verliert.

In den Meißner Mundarten, der erzgebirgischen und
anderen ist jemandem um den Bart gehen für schmeicheln

---

1) Birchow, Sammlung gemeinverständlicher, wissenschaftlicher Vorträge,
S. XVIII, H. 411 Schriftsprache und Volksmundart S. 30.

üblich. Bekanntlich pflegen Kinder und auch Frauen den Bart des Vaters oder Mannes zu streicheln, wenn sie etwas von ihm erbitten.

In der West- und Ostmeißner, der Leipziger, der erzgebirgischen, der vogtländischen, der west- und ostpreußischen Mundart und anderswo sagt man: Ich will dir etwas husten für: Ich gehe nicht auf deine Absicht ein. Reuter hat dafür prusten; auch niesen, blasen, pfeifen und malen wird in diesem Sinne gebraucht. Bekannt ist das Husten aus Verlegenheit. Dieses ist hier als abweisend aufgefaßt.

Etwas wird jemandem nicht zu Schmer gedeihen heißt in den beiden Meißner Mundarten und der Leipziger: Davon wird er wenig Nutzen haben. Es wird besonders als Drohung beim unrechten Erwerbe angewandt. Das Bild meint eine Speise, von der man nicht fett wird, da sie einem nicht bekommt.

Loch in Verbindung mit Körperteilen findet sich schon in mehreren schriftdeutschen Redebildern. Die beiden Meißner Mundarten, sowie die Leipziger tragen etwas derb auf, wenn sie für jemanden durch langes Geschwätz peinigen: jemandem ein Loch in den Bauch reden sagen. Schöner ist das schwäbische: Jemandem ein Loch in den Kopf schwätzen; denn der Kopf wird ja in der That von dem lästigen Geschwätz betroffen. Beide Bilder vergleichen das unangenehme Gefühl, welches ein Schwätzer dem Zuhörenden bereitet, mit einer körperlichen Schmerzempfindung.

Ferner besitzen die beiden Meißner Mundarten und die Leipziger das Redebild: Sich eher ein Loch in das Knie bohren lassen und die schwäbische: Sich eher ein Loch ins Ohr stechen lassen, ehe man etwas thut. Beide Redebilder werden besonders in Bezug auf Geizige gebraucht, um auszudrücken, daß dieselben durch nichts zum Geldverschenken zu bewegen sind.

Für schnell laufen heißt es in der West- und Ostmeißner, der erzgebirgischen und anderen Mundarten: Die Beine unter den Arm nehmen.

Es ist mir ans Bein gelaufen bedeutet in der Westmeißner und erzgebirgischen Mundart: Ich bin übel angekommen. Es ist wohl hier an einen Wagen zu denken, der an das Bein läuft und dadurch Schmerz verursacht.

Für jemanden beleidigen sagen die beiden Meißner, die Leipziger und andere Mundarten: Jemanden auf die Hühneraugen treten, besonders wenn aus Versehen eine Äußerung über einen Gegenstand fällt, der für den anderen unangenehme Erinnerungen wach ruft. Auch hier ist wie im vorigen Bilde die körperliche Verletzung auf die geistige übertragen.

Dieses ist auch der Fall in dem von der Leipziger Mundart verwendeten: Jemandem eine Blüte stechen für: Ihm eine Zurechtweisung geben, an ihm eine Blösse aufdecken. Das Bild scheint das Aufstechen einer Blüte am Körper zu meinen.

Das Wort Fuss ist schon in vielen schriftdeutschen Redebildern vorhanden; die erzgebirgische Mundart hat es noch außerdem in: Einen breiten Fuss haben für: Überall anzustossen und zu verletzen das Unglück haben. Die Übertragung ist ohne weiteres klar.

Sich es nicht aus den Rippen schneiden können hat in der West- und Ostmeißner, der Leipziger, der erzgebirgischen Mundart und anderswo den Sinn: Man ist durchaus nicht im stande, etwas zu beschaffen. Das Bild meint die Entstehung Evas, die Gott nach der Bibel aus einer Rippe Adams machte.

Jemanden hinan riechen lassen bedeutet in den beiden Meißner, der erzgebirgischen und anderen Mundarten: Jemanden ein begangenes Unrecht empfinden lassen. Es ist hier wohl an etwas übel Riechendes gedacht, das man jemandem unter die Nase hält.

In ebendenselben Mundarten findet sich: Jemandem ist die Zunge nicht angewachsen für: Er hat ein gutes Mundwerk; und in der erzgebirgischen allein: Die Zunge der Quere in den Mund nehmen für: Seinen Ärger nicht Worte verleihen.

2. Häusliches Leben und Hauswesen.

Seinem Leibe kein Stiefvater oder keine Stiefmutter sein (ersteres in der Westmeißner und Leipziger, letzteres in der Ostmeißner und erzgebirgischen Mundart) will sagen: Seinen Leib gut pflegen, sich gut nähren. Stiefväter und mehr noch Stiefmütter stehen ja in dem Verdachte, ihre Stiefkinder schlecht zu nähren.

In der Leipziger Mundart bezeichnet man die äussersten Häuser der Stadt mit Bettelmanns Umkehr. Das ist der Ort, wo der Bettelmann umkehrt, da keine Häuser mehr vorhanden sind, in denen er betteln kann. — In der Ruhlaer Mundart sagt man ganz in demselben Sinne: Ich höre nicht läuten und nicht duten; das heißt: Ich höre von meiner Wohnung aus weder die Glocken der Kirche läuten, noch den Hirten blasen.

Einen Stein in den Garten werfen bedeutet in der Ostmeißner und erzgebirgischen Mundart einen Possen spielen. In letzterer Mundart findet sich außerdem noch: Deswegen mach ich mir noch kein Bett in den Keller für deswegen brauche ich mich noch nicht vor den Leuten zu verbergen. Flüchtlinge haben ja häufig in Kellern gewohnt.

In derselben Mundart heißt von den Federn aufs Stroh kommen: In seinen häuslichen und Vermögensverhältnissen sehr zurückgehen. Der Sinn des Bildes ist: erst in Federbetten, dann auf Stroh schlafen.

Die zuletzt erwähnte Mundart hat auch jemandes Briefe gefunden haben für: Hinter seine Schliche gekommen sein. Die Briefe werden ja meist in einem besonderen Fache verborgen, sodaß sie ein anderer nicht leicht finden kann.

Auf die hohe Kante legen bedeutet in der West- und Ostmeißner, der Leipziger und der Mecklenburger[1]) Mundart: Geld ersparen. Vielleicht hat man hier an einen Schrank zu denken, auf dessen oben befindliche und hoch gelegene Kante etwas gelegt wird, um es gut aufzubewahren, namentlich vor Kindern zu schützen, die nicht hinauflangen können.

Für stark rauchen sagt Reuter: Rauchen, wie wenn ein kleiner Mann bückt.[2]) Arme Leute heizen nämlich mit Buschholz, und dieses entwickelt sehr viel Rauch.

3. Essen.

Mit dem eigenen Fett beträpfeln gebraucht Reuter[3]) für: Jemandem auf dessen eigene Kosten etwas Gutes erweisen. Das Bild ist von einem Tier hergenommen, das in seinem eigenen Fette gebraten wird.

---

1) Reuter I Läuschen 45. — 2) III Olle Kamellen I, 1. — 3) Schurr Murr 1. Überraschung: Sei hewwen min Present utspionirt un nu bedrüppeln sei mi mit min eigen Fett.

Sein Fett kriegen bedeutet in den beiden Meißner, der Leipziger und der erzgebirgischen Mundart: Einen gehörigen Verweis für etwas bekommen. Es wird besonders von einem zu erwartenden Verweis gebraucht und scheint spottend gemeint zu sein, etwa: Als Belohnung zum Brote noch Fett dazu bekommen.

Ins Fettnäpfchen bei jemandem treten hat in den beiden Meißner Mundarten und der Leipziger die Bedeutung: Durch irgend eine Handlungsweise es mit jemandem verderben, seinen Unwillen sich zuziehen. Das Bild ist wohl der Speisekammer und Küche entlehnt. Wer da aus Versehen in das unten stehende Fettnäpfchen tritt, zieht sich zweifellos den Unwillen der Hausfrau zu, einmal wegen des Fettes, das nicht mehr verwandt werden kann, ferner wegen der am Boden entstandenen Fettflecke.

Dem Kinderleben ist wohl folgendes in der West= und Ost= meißner, der Leipziger und der erzgebirgischen Mundart gebrauchte Bild: Es fällt einem gleich die Butter vom Brote, für: Da entfällt einem aller Mut, vergeht einem alle Lust, entnommen. Wer so einen armen Kleinen gesehen hat, dem von seinem Butterbrote die infolge der Kälte harte Butter gefallen ist, vielleicht in dem Augenblicke, als er nachsehen wollte, ob dasselbe ja recht fett geschmiert sei, der wird über dieses anschauliche Bild nicht mehr im unklaren sein.

Ohne weiteres klar ist auch: Da wird keine (braune) Butter daran gethan, wie in den beiden Meißner Mundarten und der Leipziger für: Da werden keine grossen Umstände gemacht gesagt wird.

In ebendenselben Mundarten und auch im Niederdeutschen ist: grosse Graupen im Kopfe haben für grosse Pläne und Hoffnungen hegen gebräuchlich. Für Graupen sagt man auch Rosinen; mit diesem Worte kennt auch die erzgebirgische Mundart dieses Bild. Der Kopf ist hier gewissermaßen als eine Düte aufgefaßt, in der sich die großen Graupen oder Rosinen befinden.

Schön ist ferner das von Reuter gebrauchte Bild: Seinem Narren Zucker geben für: seine Lieblingsnarrheiten betreiben.[1])

---

1) II Läuschen 62.

Der Narr wird in dem Menschen wohnend gedacht, wie der Teufel in dem Besessenen, und wie ein Kind oder Haustier mit Zucker gefüttert.

4. Kleidung.

Schön ist das in dem armen Erzgebirge gebrauchte Bild: des lieben Gottes Pelzchen anhaben. Es wird in Bezug auf dürftig gekleidete Kinder armer Eltern gesagt und heißt soviel als: Gott wird sie vor der Kälte schützen.

Für ganz nackt sagen die Leipziger, die west= und die ostpreußische Mundart umschreibend: barfuss bis an den Hals.

Um den Widerspruch in einem Anzuge, der halb bettelhaft, halb geckenhaft ist, zu bezeichnen bedient sich die Leipziger Mundart des anschaulichen Bildes: barfuss und ein Degen oder Strohhut, die Ulmer des ähnlichen: im Barett und barfuss; nur ist letzteres weniger der Neuzeit entsprechend als ersteres.

Sich ein Röcklein angezogen haben sagt der Erzgebirger für: Ein gutes Geschäft gemacht haben. Der Sinn ist wohl: bei einem Geschäfte einen Rock verdient haben.

Das Bild: es ist Jacke wie Hose für: es ist einerlei, das eine ist so gut wie das andere, welches sich in der West= und Ostmeißner, der Leipziger, der schlesischen und der Posener Mundart findet, hat wohl den Sinn: Jacke und Hose sind von gleicher Farbe. Im Erzgebirgischen heißt es dafür: in Socken wie in Hosen.

Ein sehr vornehmes Bild besitzen die beiden Meißner Mundarten und die Leipziger in: es wird ihm keine Perle aus der Krone fallen für: es wird seinem Ansehen keinen Abbruch thun, seine Standesehre wird nicht darunter leiden. Es wird namentlich dann angewandt, wenn jemand aushilfeweise Dienste verrichten muß, die eigentlich unter seiner Stellung sind, so wenn ein Handlungsgehilfe Markthelferverrichtungen vornehmen muß. Die Perlen sind die Zierde der Krone; fällt eine heraus, so verliert diese an Glanz und Ansehen. In dem Bilde ist die Standesehre, die Zierde des Mannes, als Krone aufgefaßt.

Hierher mag auch noch Reuters Bild: jemandem einen Bart machen für ihn anführen[1]) gestellt werden; denn es ist hier offenbar nicht an einen wirklichen Bart, sondern an einen aus Wolle und dergleichen gemachten oder an einen gemalten gedacht. Kinder pflegen sich ja häufig dadurch zu necken, daß sie sich gegenseitig Bärte anmalen; auch hat das Kartenspiel der schwarze Peter seinen Namen davon, daß der Verlierer einen schwarzen Bart angemalt bekommt.

5. Geräte.

Die Leipziger, die west- und ostpreußische und die Holsteiner Mundart haben das Bild: jemandem zeigen, was eine Harke ist für: ihn gehörig zurechtweisen, ablaufen lassen, ihm Geld im Spiele abnehmen. Harke ist Rechen; der Sinn ist wohl: ich will dir zeigen, wie ein guter Rechen den Boden säubert.

Jemandem die Schippe geben bedeutet in den beiden Meißner Mundarten und der Leipziger: ihn schnöde verabschieden, so einen Beamten, einen Liebhaber. Das Bild scheint ausdrücken zu sollen, daß die Schippe an jemanden gelegt wird, um ihn wegzuschaufeln. — Nahe daran sein, verabschiedet zu werden giebt die Leipziger Mundart durch: auf der Schippe stehen, Reuter durch: auf der Wippe stehen.

6. Handel.

Um zu bezeichnen, daß jemand sehr gut handeln kann, ein tüchtiger Geschäftsmann ist, sagt man in den beiden Meißner und der erzgebirgischen Mundart: der kann Kirchen feiltragen. In dem Bilde ist die Kirche als ein besonders großer und wertvoller Gegenstand des Handels aufgefaßt, der deshalb sehr schwer zu verkaufen ist.

Es ist nicht jedermanns Kauf hat in den beiden Meißner und der Leipziger Mundart die Bedeutung: seiner Eigenheiten halber geht nicht jeder gern mit ihm um. Dieses Bild findet darin seine Erklärung, daß in denselben Mundarten: eine Sache ist nicht jedermanns Kauf noch wörtlich bedeutet: sie wird

---

1) II Läuschen 28

nur von besonderen Liebhabern gekauft. Von einem selten be=
gehrten Handelsgegenstand hat dann eine Übertragung auf einen
Menschen stattgefunden, deſſen Geſellſchaft nur von wenigen ge=
ſucht wird.

Die Leipziger Mundart beſitzt das Redebild: ein rechter
Taubenhandel sein, um ein Geschäft zu kennzeichnen, das
nicht fest abgeschlossen ist, sondern stets wieder rück=
gängig gemacht werden kann. Der Handel von Tauben iſt
bekanntlich deshalb ſehr unſicher, da dieſe leicht wieder fortſliegen.

Für nichts Unmögliches thun können heißt es in der
erzgebirgiſchen Mundart: keinen Pfennig wechseln kön=
nen. Dieſes iſt unmöglich, da der Pfennig die kleinſte Münze iſt.

In der Oſtmeißner und erzgebirgiſchen Mundart iſt das
Redebild: dem Schinder die Keule abkaufen für: eine Sache
bedeutend über den Wert bezahlen gebräuchlich. Dieſes
Bild bezieht ſich wohl auf eine Tierkeule, etwa Kalbskeule, die je=
mand nicht bei dem Fleiſcher, wo er gute Ware bekommt, ſondern
beim Schinder kauft, jedoch für denſelben Preis.

7. Gewerbe und Handwerk.

Auf jemanden Häuser bauen können heißt in den bei=
den Meißner Mundarten, bei Reuter[1] und anderswo: Auf je=
manden fest vertrauen können. Hier iſt der, welcher ein
feſtes Vertrauen genießt, mit einem feſten ſteinigen Boden ver=
glichen.

Das Bild: über den Span bezahlen für: übertrieben
teuer bezahlen, deſſen ſich die beiden Meißner und die Leip=
ziger Mundart bedienen, iſt der Sitte entlehnt, daß gemachte
Schulden in ein Kerbholz eingeſchnitten wurden. Ein ſolcher Ein=
ſchnitt wurde ein Span genannt. Über den Span bezahlen hieß
demnach urſprünglich: mehr bezahlen als Schnitte im Kerbholz
vorhanden sind.

Das in den beiden Meißner Mundarten und auch bei Reuter[2]
gebräuchliche Bild: vor oder an die richtige Schmiede gehen
für: sich an den rechten Mann, der in einer Sache helfen
kann, wenden verdankt wohl ſeine Entſtehung dem Umſtand, daß

---

1) I Läuſchen. — 2) II Läuſchen 43.

9*

es mehrere Schmiedegewerbe giebt. Infolge davon kann jemand leicht in die falsche Schmiede geraten, etwa zu einem Kupferschmied anstatt zu einem Hufschmied.

Ohne weiteres klar ist das in den beiden Meißner Mundarten und der erzgebirgischen übliche Bild: zuschlagen wie ein Grobschmied für: tüchtig zuschlagen; denn ein Grobschmied muß in seiner Schmiede wuchtige Schläge thun.

Scharf Achtung geben wird in der West= und Ostmeißner, der Leipziger, der Thüringer, der Henneberger, der schwäbischen, der Basler und der österreichischen Mundart durch aufpassen wie ein Heftelmacher ausgedrückt. Ein solcher muß nämlich bei Anfertigung von Hefteln scharf aufpassen. Thut er dieses aber, so kann er auch sehr viel fertig bringen. Daraus erklärt sich das in der West= und Ostmeißner, der Leipziger und schwäbischen Mundart vorhandene Bild: das geht wie das Heftelmachen für: sehr schnell.

Die Scherenschleifer sind gewöhnlich nicht ortsangesessen, sondern wandern von Ort zu Ort. Wollen sie daher möglichst viel verdienen, so müssen sie gut laufen. Dies hat in den beiden Meißner und der erzgebirgischen Mundart das Redebild hervorgerufen: wie ein Scherenschleifer laufen für: sehr schnell laufen.

Wie Schafleder ausreissen heißt dagegen in ebendenselben Mundarten: eiligst entfliehen. Schafleder hält nicht so gut wie anderes Leder, sondern reißt sehr leicht.

Dem Müllergewerbe ist wohl das Bild entnommen: Oberwasser haben, wie in der Westmeißner, der Leipziger und anderen Mundarten für: die Oberhand haben, oben auf sein, jemandem gegenüber im Vorteil sein gesagt wird. Bei Flußmühlen ist es sehr wesentlich, ob dieselben oberhalb oder unterhalb einer anderen Mühle liegen. Im ersteren Falle hat die betreffende Oberwasser und ist der unterhalb ihrer liegenden gegenüber im Vorteil.

Das in denselben Mundarten und auch in der Ostmeißner übliche Bild: wegbleiben wie Röhrwasser für: ganz plötzlich und unverhofft wegbleiben ist so recht aus dem städtischen Leben gegriffen, wo arge Verlegenheit eintritt, wenn das durch Röhren in die Stadt geleitete Trinkwasser plötzlich infolge einer Verstopfung in jenen oder aus anderen Ursachen ausbleibt.

Unsere Zeit, in der in allen Geschäftszweigen Reisende selbst in die kleinsten Dörfer gesandt werden, kennzeichnet recht die in denselben Mundarten vorhandene Redensart: auf etwas reisen für: etwas, wie Kartenspiel, Anekdotenerzählen, fast handwerksmässig betreiben.

8. Bauer und Dorf.

Der Boden, in welchem die Mundarten am besten gedeihen, ist auf dem Lande, nicht in der Stadt zu suchen. Infolge davon ist in vielen mundartlichen Redebildern Bauer oder Dorf enthalten. Manche davon sind ihrer Derbheit wegen nicht für die Schriftsprache geeignet, wohl aber folgende:

So fragt man die Bauern aus hat in den beiden Meißner Mundarten und der Leipziger den Sinn: in dieser neugierigen Weise lasse ich mich nicht ausfragen. Bekanntlich liebt es der Landmann, Fremde sehr gründlich nach ihren Lebensverhältnissen auszufragen; daher wundert er sich nicht, wenn es ihm ebenso geht und läßt es sich gefallen.

Die Leipziger Mundart kennt auch das Bild: er schiesst mit der Bauernflinte für: spricht sehr grob und deutlich. Auf dem Lande findet man oft noch alte Flinten, die eine sehr grobkörnige Ladung erfordern. Diese ist dann auf grobe Worte übertragen worden.

In derselben Mundart giebt es auch das beschönigende Bild: beim Bauern im Fenster gefunden haben für: angeblich gefunden, aber in der That gestohlen haben. Das Bild läßt an einen bei einem Bauernhaus Vorübergehenden denken, der etwas im Fenster Liegendes mitnimmt.

Das Redebild: du kommst mir schon wieder in mein Dorf ist in den beiden Meißner Mundarten, der Leipziger und der erzgebirgischen vorhanden und zwar in der Leipziger mit dem Zusatz nach Buttermilch, in der erzgebirgischen mit dem nach Hefen. Diese Zusätze erklären die Bedeutung: es kommt schon eine Zeit, wo du mich brauchen wirst, und ich mich für deine Ungefälligkeit rächen kann. Das Bild meint einen Bauern, der zu einem Bauern des Nachbardorfes nach Buttermilch, Hefe und dergleichen, was er augenblicklich in seinem Dorfe nicht erhalten kann, kommt. Er wird aber abgewiesen und

droht: Du wirst schon auch einmal in mein Dorf nach etwas kom=
men, dann sollst du auch nichts erhalten.

Für einen grossen Umweg machen sagen die Westmeißner
und Leipziger Mundart: mit der Kirche ums Dorf gehen.
Dieses Bild scheint durch die Sitte entstanden zu sein, bei Hochzeiten
und dergleichen Festen große Umwege nach der Kirche zu machen,
um sich sehen zu lassen. Für den Kirchenzug ist übertreibend die
Kirche selbst gesetzt worden.

Andere dem Landleben entnommene Redebilder sind weiter unten
unter denen, welche Tiere und Pflanzen betreffen, mit aufgeführt.

9. Fahren.

Das in den beiden Meißner Mundarten und der Leipziger
vorhandene Redebild: ins Zeug gehen für: tüchtig an die
Arbeit gehen scheint vom Pferde hergenommen zu sein. Dies
geht besonders aus dem im Erzgebirgischen üblichen Redebild
hervor: Wenn den nur der liebe Gott ausspannte und würfe ihm
das Zeug um den Kopf herum, womit man einem Todtkranken
ein baldiges Ende wünscht. Es ist hier das Riemenzeug gemeint,
welches man beim Ausspannen dem Zugtiere um den Kopf hängt.

Vom Krabbenwagen überfahren lassen sagt Reuter[1])
für: durch jede Kleinigkeit irre machen lassen. Unter
Krabbenwagen ist ein kleiner Wagen zu verstehen

Unter den Schlitten kommen hat in den beiden Meiß=
ner Mundarten und der Leipziger die Bedeutung: in Nachteil
geraten. In diesem ist derjenige entschieden, welcher beim Um=
werfen eines Schlittens unter diesen zu liegen kommt.

10. Vergnügungen und Ähnliches.

Schon mittelhochdeutsch findet sich: ich stiez min pfifen in
min phosen sprichwörtlich gebraucht, und noch jetzt wird in den bei=
den Meißner Mundarten und der erzgebirgischen die Pfeife
einziehen für: nachgeben, aufhören gesagt. Hier ist wohl
an die Sackpfeifen gedacht.

Für jemandem Hindernisse bereiten bedient man sich häufig
des vom Billardspiel entlehnten Bildes: jemandem ein Queue

---

1) I Läuschen 38.

hineinlegen. Ganz in derselben Bedeutung ist in der Leipziger
Mundart üblich: einem eine Fahrt hineinmachen. Dieses Bild
ist wohl vom Schachspiel entlehnt; denn mittelhochdeutsch heißt
vart[1]) Zug, sodaß es also ursprünglich bedeutet: den Plan jemandes beim Schachspiel durch einen Zug verhindern. In demselben
Sinn wird auch in der Leipziger Mundart: einem ein Querholz
hineinlegen gesagt. Dieses Bild ist wahrscheinlich dem Kegelspiel
entnommen, bei dem die Kegel Holz heißen. Beide Bilder beweisen,
daß die deutsche Schriftsprache des Fremdwortes Queue entraten
kann, wenn sie Hindernisse bereiten durch einen bildlichen, dem
Volksleben entnommenen Ausdruck bezeichnen will.

Jemandem auf dem Seile tanzen heißt in der Leipziger
Mundart: jemandem in jeder Beziehung willführig sein.
Für einen, der nicht Seiltänzer vom Fach ist, ist es gewiß ein sehr
großes Zeichen von Ergebenheit, wenn er einem anderen zuliebe die
schwierige Kunst des Seiltanzens versucht.

Dem Turnen ist wohl das Redebild einen Pflock zurück-
stecken entlehnt, welches in den beiden Meißner Mundarten und
der Leipziger für: Nachsicht üben, weniger Ansprüche
machen angewandt wird. Beim Springen über das Seil werden
die Pflöcke, welche das Seil halten, allmählich immer höher gesteckt.
Nachsichtig gehandelt ist es nun, wenn für einen Turner, der nicht
imstande ist, so hoch zu springen, wie das Seil gesteckt ist, die
Pflöcke wieder niedriger, das ist zurück, gesteckt werden.

Für neue Schulden zur Deckung alter machen ist in
den soeben erwähnten Mundarten: ein Loch auf- und das andere
zumachen üblich. Möglicherweise ist dieses Redebild dem Spielen
der Kinder entlehnt, welche Teiche bauen und bald bei dem einen
ein Loch öffnen, um das Wasser abfließen zu lassen, bald den andern wieder verschließen. Im Schwäbischen ist in derselben Bedeutung Brücken bauen üblich.

11. Tiere.

Der Landmann, der hauptsächlich in der Mundart spricht, ist
mit dem Leben der Tiere vertrauter als der Städter. Daraus erklärt sich der große Reichtum der Mundarten an Redebildern, in
denen Tiere und namentlich Haustiere vorkommen.

[1]) Maßm. Schachsp. 134: der künec gêt in aller vart.

A. Säugetiere.

Von denen, die Hund und Katze enthalten, sind schon viele schriftdeutsch geworden, und doch bieten die Mundarten noch mehrere andere für die Schriftsprache geeigneten.

Ohne weiteres klar ist das in den beiden Meißner Mund=arten, der Leipziger und andern gebräuchliche: heulen wie ein Kettenhund für: sehr laut weinen.

In denselben Mundarten wird auch mit allen Hunden ge=hetzt für durchtrieben gesagt. Das Wild meint ein altes sehr schlaues Wild, welches schon alle Hunde vergeblich gehetzt haben.

Ebenda findet sich Hunde führen bis Bautzen zur Bezeich=nung einer recht langweiligen und langwierigen Arbeit. Für den Meißner und Leipziger ist Bautzen eine der entferntesten sächsischen Städte. Dieses Bild hat also ungefähr denselben Sinn wie das griechische: den Stall des Augias reinigen.

Klar ist auch das erzgebirgische: ein Kerl wie ein Hund für einen Groschen sein für: nichts wert sein; — ebenso das in den beiden Meißner Mundarten und in der Leipziger übliche: wie eine weggesetzte Katze wohnen für: sehr einsam, vom Verkehr abgeschnitten wohnen; — ferner das in der Leipziger vorhandene: allemal macht die Katze einen Buckel für: das ist selbstverständlich.

In letzterer Mundart sagt man auch: ihm trägt die Katze den Magen nicht fort für: er ist sehr gesättigt, während die beiden Meißner und die erzgebirgische anstatt der Katze die Mäuse haben.

Die zuletzt genannte Mundart hat auch noch: davon wird die Katze hinter dem Herde nichts gewahr für: es geht ganz geheimnisvoll zu; — sowie: da muss man die Katze Miezel heissen für: man darf nicht bös werden, sondern muss noch freundlich thun. Mieze und Miezel ist bekanntlich der Lock= und Schmeichelname der Katze.

Auch andere Haustiere sind in mundartlichen Redebildern ver=treten, so bedeutet: geputzt wie ein Pfingstochse in den bei=den Meißner Mundarten, der Leipziger, der west= und der ostpreußischen: übermässig geschmacklos aufgeputzt.

Ähnlich wie noch jetzt der Ochse, an dem ein Fleischergeselle sein Meisterstück macht, mit Schleifen und Kränzen behängt wird, wurde wohl auch früher derjenige in dieser Weise geputzt, welcher zur gemeinsamen Pfingstfeier den Braten liefern sollte.

Für etwas sehr verwundert ansehen sagt man in den beiden Meißner Mundarten und auch, wie Reuter[1]) zeigt, in der Mecklenburger: angucken, wie die Kuh das neue Thor. Es ist hierbei jedenfalls an eine von der Weide heimkehrende Kuh gedacht, die ihren Hof infolge des neuen Thorweges nicht wieder erkennt und diesen verwundert ansieht.

Da die Kraft des Pferdes eine feste Größe bei der Berechnung der Dampfkraft geworden ist, so wird es nicht wunder nehmen, daß sie in den beiden Meißner und der erzgebirgischen Mundart benutzt wird, um zu bezeichnen, daß ein störrischer Mensch auch durch die grössten Anstrengungen nicht zum Nachgeben zu bewegen ist, nämlich in dem Redebilde: da ziehen zehn Pferde keinen Strang.

Auch der Esel ist nicht unbenutzt geblieben; so heißt es in der erzgebirgischen Mundart: aufpacken wie einem alten Esel für: Grobheiten sagen — und: man muss thun, als wenn einem ein Esel getreten hätte für: auf dessen Beleidigung darf man kein Gewicht legen. In dem ersten Redebild ist der Esel als Lasttier, in dem zweiten als dummes Tier aufzufassen.

Aber auch wild lebende Tiere treffen wir in den Redebildern der Mundarten an, so natürlich den schon von alters her sprichwörtlichen Fuchs in: man muss ihm zureden wie der Fuchs den Gänsen, wie in den beiden Meißner und der erzgebirgischen Mundart für: man muss ihm gegenüber alle Überredungskraft aufbieten gesagt wird. Dies Bild lehnt sich an verschiedene Züge der Tiersage an, wo der schlaue Fuchs hauptsächlich durch seine Überredungsgabe seine Beute fängt.

Der Hase ist als ein sehr furchtsames und scheues Tier bekannt; daraus erklärt sich folgendes in der Ostmeißner und erzgebirgischen Mundart gebräuchliche Redebild: thun als hätte einen ein Häschen geleckt für: thun als ob einem ein ganz besonderes Glück widerfahren sei.

---

1) Schurr Murr 1: Überraschung.

Ältere Hasen werden von Feinschmeckern nicht gern gegessen, sondern die einjährigen bevorzugt. Hiermit steht wohl im Zusammenhang, daß man im Erzgebirgischen: das ist auch kein jähriges Häschen mehr für: der ist auch nicht mehr jung sagt.

Sehr arm sein wird in den beiden Meißner, der erzgebirgischen und anderen Mundarten durch: arm wie eine Kirchenmaus sein ausgedrückt. Schlechter als in einer Kirche, wo es nichts zu fressen giebt, kann es ja eine Maus auch nicht treffen.

B. Vögel.

Von den Vögeln spielen besonders die Hühner und Gänse eine Rolle als Haustiere. Daher erklärt sich das in den beiden Meißner und der Leipziger Mundart übliche Redebild: alle seine Hühner und Gänse kennen für: sein ganzes Hauswesen und alle seine Angelegenheiten kennen.

Bekanntlich begeben sich die Hühner sehr zeitig zur Ruhe; dies hat zu folgendem Redebild Veranlassung gegeben: mit den Hühnern zu Bett gehen für: sehr zeitig schlafen gehen, wie in den beiden Meißner Mundarten, der erzgebirgischen und anderswo gesagt wird.

In diesen Mundarten ist auch auf der dürren Henne sitzen für: nichts zu leben haben üblich; — in der erzgebirgischen außerdem noch wie ein blindes Huhn herumfahren für: planlos herumfahren; — ferner: die setzt sich hinein, wie das Huhn ins Nest für: die kommt gut an mit der Heirat. Den Hühnern werden die Nester zum Brüten zubereitet. Der Sinn ist also: die kann ohne alle Sorgen in die Ehe treten.

Sich um ungelegte Eier bekümmern hat in den beiden Meißner und der erzgebirgischen Mundart die Bedeutung: sich um Sachen bekümmern, die einem nichts angehen.

In denselben Mundarten bedeutet mit den Gänsen in Streit liegen: einen spärlichen Bartwuchs haben. Die vereinzelten kurzen Haare sind mit den Stoppeln der Gans verglichen.

Von der Gans ist wohl das erzgebirgische Redebild: recht zu Federn gekommen sein für: zu Wohlstand gekommen sein hergenommen; denn eine Gans, die viel Federn hat, wird teuer bezahlt.

Die Ente liebt bekanntlich sehr sumpfiges Wasser; daraus erklärt sich das in der Ostmeißner und erzgebirgischen Mundart vorhandene Redebild: sich freuen wie eine Ente über den Sumpf für: sich über eine unbedeutende Sache sehr freuen.

Der Storch wird bekanntlich nicht gegessen, ja seine Tötung wird für einen Frevel gehalten. Ein Storchbraten ist demnach etwas ganz Ungewöhnliches. Dies giebt die Erklärung zu dem in den beiden Meißner Mundarten, der Leipziger und Berliner vorhandenen Bild: da brate mir einer einen Storch! für: da hört alles auf; sowie zu dem in der Leipziger und Berliner üblichen: du kannst mir einen Storch braten für: dein Verlangen erfülle ich auf keinen Fall.

Einem zahmen Star ist eine Krankheit sehr leicht anzumerken. Dies hat das Redebild: es reisst ihn herum wie einen kranken Star veranlaßt, welches in den beiden Meißner Mundarten und der erzgebirgischen für: die Krankheit spielt ihm sehr mit gebraucht wird.

Die Ostmeißner und die Leipziger Mundart besitzen noch ein ähnliches: einem zureden wie einem kranken Star für: zudringlich und unverdrossen jemandem zureden. Es ist hier wohl an den Pfleger des kranken Stares gedacht, der ihm zum Fressen und Trinken vergeblich zuredet.

Echt dichterisch ist das in der Ostmeißner und erzgebirgischen Mundart vorhandene Redebild: der hört den Kuckuck nicht wieder für: der erlebt nicht das Frühjahr. Der Kuckuck ist hierin als Frühjahrsverkünder und als Wahrsager aufgefaßt, aus dessen Ruf man erkennen kann, wieviel Lebensjahre einem noch beschieden sind.

Wer jemals eine von Krähen verspottete Eule gesehen hat, wird die Schönheit des von Reuter[1]) gebrauchten Bildes nachempfinden: Eule unter den Krähen sein für: Gegenstand des Spottes in einer Gesellschaft sein.

Das gleichfalls von Reuter angewandte Bild: was dem einen seine Eule ist, ist dem andern seine Nachtigall drückt den Sinn des lateinischen Spruches aus: De gustibus non est disputandum, das heißt: „Über den Geschmack ist nicht zu streiten."

---

1) IV Hanne Nüte: Jitzt bist du Uhl so mang de Kreihen.

12. Pflanzen.

Daß die Pflanzen längst nicht so häufig wie die Tiere in den mundartlichen Redebildern anzutreffen sind, ist selbstverständlich.

Schön ist das von Reuter gebrauchte zwischen Baum und Borke (ein selteneres Wort für Rinde) sitzen für: sich in einer zweifelhaften Lage befinden.[1]) Hierbei ist wohl an die unter der Rinde eines Baumes sitzenden Kerbtiere gedacht.

Für aus einer bedenklichen Lage befreien, jemandem Hilfe leisten findet sich in der Westmeißner Mundart: Aus der Nuss heben. Unter Nuß ist hier wohl die Nußschale zu verstehen, aus welcher der Nußkern gehoben wird, was bei den welschen Nüssen nicht immer leicht ist.

Krautstrünke erfrieren häufig; daher erklärt sich das Rede-bild: erfroren wie ein Krautstrunk sein, welches die beiden Meißner Mundarten und die erzgebirgische für: sehr erfroren sein haben.

Für wenig oder gar nicht mehr des Alters wegen wachsen sagen die Leipziger Mundart und das Niederdeutsche: wie die reife Gerste wachsen, die west- und ostpreußische Mundart: mit der reifen Gerste um die Wette wachsen. Bekanntlich wächst diese fast gar nicht mehr.

In die Wicken gehen bedeutet in den beiden Meißner Mundarten und der Leipziger: verloren gehen, bei Reuter dagegen: sich aus dem Staube machen. Schon mittelhoch-deutsch bezeichnet wicke etwas Wertloses. Die Wicken dienen als Viehfutter; zuweilen kommt auch unter den Wickensamen der Same einer edleren Getreideart, der dann für seine eigentliche Bestimmung verloren ist, da der daraus sprossende Halm auch als Viehfutter verwandt wird.

In dem Hanf kann sich etwas leicht verwickeln; diesem Um-stande verdankt wohl das in der Westmeißner und Leipziger Mundart vorhandene Redebild: nicht aus dem Hanfe kommen für: verworren und weitschweifig reden seine Entstehung.

Dem Landmann ist sehr viel daran gelegen, das Heu von der Wiese herein in die Scheune zu bekommen, ohne daß es durch einen

---

[1) Olle Kamellen I, 1: So satt ich ümmer twischen Bom un Borl.

Regenguß naß wird, da es sonst an Güte verliert. Daraus erklärt es sich, daß man in den beiden Meißner, der Leipziger und der erzgebirgischen Mundart sein Heu herein haben sagt für: soviel Geld verdient haben, dass man von dessen Zinsen leben kann. Wer in dieser glücklichen Lage ist, kann ebenso sorglos sein, wie der Landmann, der sein Heu trocken in die Scheune gebracht hat.

13. Weg und Wettererscheinungen.

Für ein sehr verdriessliches Gesicht machen haben die beiden Meißner und die erzgebirgische Mundart das Redebild: ein Gesicht machen wie sieben Meilen böser Weg, die beiden Meißner außerdem noch und die Leipziger: ein Gesicht machen wie drei Tage schlechtes Wetter und so auch die Basler, nur daß für schlechtes Wetter Regenwetter steht. Wer sieben Meilen schlechten Wegs noch zu gehen oder drei Tage lang hintereinander schlechtes Wetter gehabt hat, wird allerdings kein rosiges Gesicht machen.

Sehr unangenehm ist es für einen Kaufmann, wenn es zum Jahrmarkt regnet, noch unangenehmer aber, wenn es ihm sogar in die Bude regnet. Daher ist es nicht zu verwundern, wenn in der Ostmeißner, der erzgebirgischen und andern Mundarten: es hat ihm in die Bude geregnet die Bedeutung: er ist in sehr übler Lage hat.

Das Abgehen des Grundeises eines Flusses richtet oft viel Zerstörungen an. Daher erklärt es sich wohl, daß in der Westmeißner, der Leipziger, der west- und ostpreußischen und nach Reuter[1]) in der Mecklenburger Mundart mit Grundeis gehen: grosse Angst haben bedeutet.

14. Zeit.

Echt dichterisch und ohne weiteres verständlich ist das öfter von Reuter[2]) verwandte Redebild vor Tau und Tag für: vor Morgenanbruch; auch die stabreimende Form empfiehlt dasselbe.

Der Johannistag ist bekanntlich der längste Tag; daraus erklärt sich ohne weiteres der in den beiden Meißner Mundarten

1) Läuschen 28. — 2) Schurr Murr 1: Überraschung.

und in der Leipziger übliche Ausdruck: lang wie der Johannistag für: sehr lang und zwar auch in räumlichem Sinne.

Für sehr lange ist in denselben Mundarten und auch in
der Thüringer seit Jahr und Tag oder in Jahr und Tag gebräuchlich.

Schluß.

Sollte diese Untersuchung gezeigt haben, daß die Mundarten
in dem Lautstande und der Wortbiegung zwar wenig, mehr
schon in dem Satzbau und dem Stil, vor allem aber in dem
Wortschatze die Reinheit und den Reichtum der Schriftsprache
fördern können, so ist ihr wesentlicher Zweck erreicht. Denn wiewohl
der Verfasser sich freuen würde, wenn einige von ihm aus den
Mundarten gesammelten Wörter oder Redebilder in der Schriftsprache heimisch werden sollten, so ist dieses doch nur Nebenzweck.
Er will vor allem die deutschen Schriftsteller, welche für das Volk
schreiben wollen, auf die Mundarten, die Sprache des Volkes, als
eine unversiegbare Quelle volkstümlichen und echten deutschen Sprachgutes hinweisen und sie ermutigen, daraus zu schöpfen, wie ein
Luther und ein Goethe es gethan haben. Und mögen sie auch derartige Wörter und Bilder bevorzugen, für deren Verständnis ein
Hebel und ein Reuter in ganz Deutschland den Weg geebnet
haben, so mögen sie gleichwohl auch andere nicht verschmähen. Die
Entlehnung aus dem Sprachschatze der Mundarten zu fördern, das
war das „Denkbild", welches dem Verfasser bei dieser Arbeit vor
dem Geiste schwebte.

Benutzte Abhandlungen.

Albrecht, Die Leipziger Mundart, Leipzig 1881.

Andresen, Über deutsche Volksetymologie, Heilbronn 1878.

Göpfert, Die Mundart des sächsischen Erzgebirges, Leipzig 1878.

Osthoff, Sammlung gemeinverständlicher wissenschaftlicher Vorträge, herausg.
v. Virchow, XVIII. Serie, Heft 411 Schriftsprache u. Volksmundart.

Weinhold, Über deutsche Dialektforschung, Wien 1853.

Berichtigung. S. 15, Anm. 1) Fröhlich, Pfalz lies Fröhlich Palz.